# 日本史話——中古篇

汪公紀・著

# 序

日本史話的體裁和筆調，近乎說故事，是爲了提高讀史的興趣，但內容的眞實正確，著者非常重視，有時一件事的發生原委，或一個人的生卒年月，在不同的資料中，記載有出入時，便須尋找更多的資料，反覆核對研判，往往會三易其稿，重寫又重寫，費了不少稿紙，眞所謂禍及梨棗。外子在開始寫日本史話以前，已經蒐集了不少中外參考書，獨缺賴山陽所著的一部《日本外史》，幾次託友人在日覓購不得。六十九年秋，我和外子旅美，在返國途中，道經東京，在神田逛舊書店時，發現一套完整的《日本外史講義》，外子當時眞像如獲至寶，喜不自勝。

本卷是繼上古篇續寫的，內容包含了從鎌倉幕府，至戰國時代的四百餘年，其間有平源爭霸，北條氏的興亡，後醍醐天皇討幕，經南北朝室町時代，以迄群雄割據的局面，涵蓋了十二世紀至十六世紀的一段日本中古時代歷史。說明了武士產生的經過，以及爲什麼日本會有崇信暴力的原因。日本的尚武風氣，演變到黷武，進而形成了一個帝國主義的侵略者。

雖然由於黷武侵略終於得到了慘痛的教訓，但是並沒有因爲戰敗，就此湮沒了日本民族尚武的精神，四十年的太平，帶來了繁榮與自信自大，日本復興了。潛伏在日本人血液裡橫刀一快的興奮，又有躍躍欲試的傾向，他們絕無自我反省悔過之心，祇要有利於己，便不顧任何人的死活，拔刀「斬棄御免」。不過他們殺人的手段，或許有些改變，他們不會愚蠢到永遠用武士刀，現在是用電腦了。

任永溫

民國七十一年九月十八日

# 目次

# 保元之亂

軍國主義時代的日本，一向崇拜所謂的武士。武士照日本的讀法爲Samurai。武士給人的印象，是仗劍闊步，獨來獨往，目空一切，橫行於天地之間的豪俠之士。好的一面是他路見不平，拔刀相助。壞的一面，他一時興起便來個「斬棄御免」，長劍橫掃，人頭落地之後揚長而去了。

不過根據《日本書紀》的記載，Samurai應該是Sa Bu Rai音之轉，而Sa Bu Rai者，是侍者，是我們今天所謂的衛士，是帝王宰相大臣的貼身護衛者，而除了護衛之責外，遵照大寶律令，還有侍奉的任務。年齡八十歲以上的老臣，朝廷便配給他侍者一人，任攙扶、看護、奉藥等等雜事，九十歲以上的配二人，百齡以上的配三人。由此可知侍者，絕非耀武揚威橫眉豎眼的武夫，毋寧是細心周到白衣護士型的高級侍從。

日本宮廷之內，不設宦官，一切粗雜事都由女官負責。唯獨護衛之責，非由男士擔任不可，因此他們的官階也高，通常在五六品之間，是身懷武器的正式官吏。其後莊園制度發達，爲了防止不受人侵犯，侍者的任務日益加重。曾幾何時，以前的侍者Sa Bu Rai一變而爲SaMuRai武士了。

尤其在後三年之役時，源義家立了大功，把盤踞在金澤柵的清原兄弟一鼓蕩平，論功行賞應該大加犒賞才是。恰好遇到了好打小算盤的白河天皇，硬是將這次的大戰，認爲是一件無足輕重的同族械鬥，不予獎賜。源義家本人未加封賞，他的部將更是毫無所有。但是源義家顯出了他的英雄本色，他把他家祖孫三代所藏的家財，拿出來散給了出死力殺敵的戰友們，彌補了朝廷的不公。一時歡聲雷動。在河內地區（現在的大阪府）無人不知無人不曉有位八幡太郎義家，是個天下第一武士。

古時日本本來並不重武，但從此觀點一變，朝廷賞罰重心已失，武士成爲一般人心嚮往之的了。而偏偏這時適逢其會的是社會秩序已亂，由於上下交征利的關係，不得不借重武力來保護既得的權益。尤其奈良平安一帶，寺院廟宇林立，無不廣置田產，除了「耕」，還須「守」，自然要豢養一批拿干戈的和尚。而這班人是粗胚，雖然剃光了頭，但是六根不淨，祇懂得橫衝直撞的蠻幹，除了對老方丈有時還服氣之外，任何人都奈何他們不得。白河法皇①

①法皇爲退位天皇出家爲僧之尊稱。

曾經嚷道：「朕有三不如意事，（一）賀茂川的水不聽朕意流動。（二）骰色不聽朕呼盧即盧呼雉即雉。（三）寺院裡的法師不聽朕的調度。」而這班法師們不但不聽調度，反而常常為了細故，南北兩地的僧兵互相械鬥起來，燒殺掠奪無所不為。朝廷的大臣出來調停，好說歹說都沒有用，最後也祇好請出武士們來鎮壓。除了對付僧兵之外，天皇大臣扈從也得仰賴這班甲胄鮮明的武士，所以在那混亂的社會之中，武士已成為維持治安的中心支柱了。

政權也慢慢地在轉移，藤原道長死後，嗣子賴通，依然以關白太政大臣的榮位攝政，不過賴通才幹遠不如乃父，他經歷四朝（後一條、後朱雀、後冷泉、後三條），做了四十多年的攝政之後，到了八十一歲的高齡方才出家為僧，讓位給他胞弟教通。在這四十餘年當中，整個社會在蛻變，尤其藤原家的攝政地位，由根基上發生了動搖，開始沒落了。

後冷泉天皇葬後，皇太子尊仁親王踐祚，是為後三條天皇。他的母親是公主，是三條天皇的女兒禎子。日本皇室在傳統上為了保持種族的純正，一向是近親結婚，姑母就是生母，原是常有的事。這位禎子姑娘，可以算作富貴之極，父親是天皇，母親是藤原道長的小女兒妍子，雙重榮貴，從小就備受寵愛。嫁給後朱雀之後，也兩相恩愛，不久便生下了男嬰，並且好事成雙，後朱雀被尊為天皇，禎子也晉封為皇后。但是常言說得好：「福兮禍所伏！」禎子雖然是藤原家裡的姑娘所生，但究竟隔了一層。賴通仿效了他父親道長的故伎，為了世世代代都能以外戚的身分來攝政，所以極想生個女兒嫁到天皇家。怎奈不爭氣，祇好外面領養了一個小娃娃名喚嫄子的，作為親生女，硬塞了給後朱雀為中宮，同時嚴禁皇后禎子再和天皇同房。禎子守了活寡，哪有不怨毒在心氣憤填膺的。這股怒氣無處申，祇有向她的兒子後三條不斷地灌輸。賴通的安排，儘管不能不算高明，祇可惜天不從人願，嫄子經過四個年頭，竟生不出男嗣來，並且一病不起，魂歸天國了。賴通此計不成，反而得罪了自己的甥女，到後三條即位，那大錯已鑄，不但外戚兼攝政的企圖成空，並且從此天皇和藤原家有了裂痕，不易彌縫了。

後三條在任皇太子時代，也受了不少閒氣，除了自己的親娘受了藤原家的欺凌之外，本身也直接受到了壓迫。他父皇後朱雀讓位給他長兄後冷泉爲帝時，也冊封了他爲皇太子。但是藤原賴通並不同意，藤原家這時有兩位小姐都嫁給了後冷泉爲后，兩后之中祇要有一位生出皇子來，毫無疑問的便會冊立爲東宮皇太子，他這做叔叔的就不會有繼承皇位的份。因此藤原賴通始終不肯放棄當外公的希望，以外戚來攝政是藤原家累代一百七十餘年的光榮，賴通哪裡肯輕易放鬆。可恨他這兩位小姐怎麼也生不出男嗣來，一直盼望了二十多年，結果把死神等到了。後冷泉禁不起旦旦而伐，以四十四歲的壯齡，薨於位了。

後三條雖然很久以前，便冊封爲太子，但是藤原家對他實施冷戰，硬是不承認。作爲皇太子的信物——「壺切劍」，藏在攝政府裡的，始終不肯獻出來，藤原賴通扣在他家裡，預備把這象徵儲君的寶劍，留給他未來的外孫。這時經過了二十三年的長時間，才無可奈何地拿了出來。除了這公然掛下來的長臉，藤原家在這二十三年之間，不斷地對東宮難堪，甚至在東宮裡任職的女侍們，都一天到晚戰戰兢兢，深怕皇太子會出什麼意外，而被廢爲庶人。

曙光終於到來，喘不過氣的皇太子當了天皇，藤原賴通這時已八十一歲，自承失敗，把關白攝政的高位讓給了親弟弟教通，自己出了家。教通也已是七十多歲的老人，雖然仍然是關白攝政，但外戚的身分卻沒有了。

後三條當得起是位明君。他起用了不少才學之士，最著名的是有神童之稱的大江匡房。一代勇將源義家曾經拜他爲師傳授兵法，源義家累立戰功，豁達大度，能與士卒共甘苦，都是蒙受了大江教誨與薰陶的結果。大江對儒學極有根柢，服膺儒家的傳統，忠心耿耿地輔佐後三條，悉心地改革當時最難處理的弊政，那就是莊園的整理。日本全國最富饒的田地幾乎全被化爲達官貴人的莊園，既不繳賦稅又無收益，使得國家在財政上蒙受雙重損失。後三條之前，朝廷早有禁置莊園之令，但對於藤原家，永遠無法貫徹執行。因爲擁有莊園最多的大戶就是藤原家，後三條受到了藤原家以關白攝政的大權阻塞了一切政令，使得天皇永遠受制於人。儘管名義上是一國之主，但在體制上無法越過關白攝政的干預，任何主張都通不過這一道關卡。後三條當了幾年天皇之後，非常乏味。他研究出一項辦法來，在正式體制之下，另建體制，而這一體制一樣發號施令，但不再經由關白攝政的預聞。於是他毅然決然地禪位給他的兒子白河，而自任太上皇②。這次的太上皇和以前的太上皇大大不同。前此的太上皇，大都是優游歲月飲酒取樂地享其清福，後三條禪位後的十二天，他便組織起太上皇的辦公廳

② 上皇即已退位的天皇之尊稱。

來，稱之爲院廳。其中選用的人雖然很多是藤原家族的人，但是都顯明地和攝政家有宿隙。院廳一樣也發號施令，卻不再經過關白攝政批閱的手續，在政府之外又加上了一個政府，在行政體制上免不了有一國三公互難適從之感。幸而掌握大權的藤原兄弟都已老邁，不願多爭多鬥，遂能相安無事。到了延久三年，也就是院廳組織後的第二年，後三條天皇因病去世了。

在宇治別莊裡休養的藤原賴通聽到了噩耗，他停箸輟食嘆道：「本朝時運不濟，末代的賢君竟爾夭逝！」後三條死時僅得四十歲。由此可見他們君臣之間，雖然有權利之爭，但在大體上仍然保持和睦與應有的禮遇。這在其他國家的歷史上是很難能了。

白河即位後不久，賴通以八十三歲高齡逝世，繼承他的教通也死亡，由賴通的嗣子師實襲位。雖然大權依然掌握，但已無外戚的地位，不再是藤原家獨斷獨行的局面，而轉變到皇室中心裡來了。

白河即位的時候，才得二十歲，尚未生子。而他的父親後三條上皇還健在。白河奉父命立弟實仁親王爲東宮。日本自古以來，以弟繼兄，幾乎是常例，而後三條對第三子輔仁親王期望最高，屬意將來由他入繼大統。只不過白河沒有伯夷的雅量，他不但不肯讓位給他三弟，並且經過十四年之後，他二弟東宮實仁親王猝逝，趕不及冊立他自己的兒子爲東宮，同日內禪，東宮繼位爲堀河天皇，自稱太上皇。

白河當了上皇之後，便仿效他父親後三條的作風，組織了院廳。天皇堀河年紀還很小，一切聽命父皇。天皇和攝政都成爲贅旒，藤原師實在名義上雖然仍舊是關白攝政，但是院廳的政事，他管不了。因此到了白河上皇，政權才眞正恢復掌握在皇室手中，完成了和平無隙的政變，這是値得大書特書的。

但是白河上皇並不像他父皇那樣能選賢與能，勵精圖治，也不是一位有道之君。後世有人批評他說：「法皇臨朝十七年，政多無道，上違天心，下背人望。」這幾句評語，把這位法皇刻畫得眞夠慘。他自封爲上皇之後，又去落髮爲僧，皈依佛「法」，所以號稱「法」皇。出家本該看破紅塵，不嗔不癡才是。但根據《古事談》，這位法皇仍然火氣很大。他爲了還願，興建了一座「法騰寺」，完工之後，訂期舉行佛事。不料天不作美，恰逢大雨，不得不改期。於是再選吉日，偏偏又逢大雨，如此連訂三次，而三次都逢雨。到了第四次，還是大雨。法皇大怒，令人把雨積在桶裡，投入死囚牢裡去。由此可見他嗔得很，是個任性作威作福的人。他不但任性，並且善用心機，上面所指的「上違天心，下背人望」，雖然沒有舉出具體事實來，但是當時的人，誰都明白是指的什麼事：後三條逝世時遺旨是傳弟。二皇弟立爲東宮之後，經過十四年，忽然病歿，理應由三皇弟輔仁親王繼位東宮才是。可是這位法皇犯了癡心。他早年結婚，十分恩愛，皇后是位端莊的淑女，生下一位王子之後不久，便不幸短命死矣，芳齡祇得二十八歲。白河哀痛欲絕，一方爲了安慰愛妻在天之靈，一方又憐惜這沒有娘的孤兒，所以他不顧父皇的遺命與朝臣的冀望，毅然決然地內禪給他自己的八歲孩子！

三皇弟輔仁親王，儀表堂堂，才學出眾，天生一副帝王像。因爲他排行第三，朝臣們都稱之爲三宮，而天皇堀河，瘦小多病，不像能永壽的，一旦有變故，三宮仍然可以繼位，因此三宮成為白河法皇的眼中釘，兒子是個藥罐子，但如果生出孫子，可能會是結結實實的小夥子，所以到堀河天皇十三歲上，就為他納后，把自己嫡親的妹子「篤子」嫁了過去。她已經三十出頭，是個十分成熟十分健康的婦人。在白河上皇的想法，當然很快就能一索得男。不料這缺乏優生學知識的行動，硬是要不得。姑母下嫁姪兒，雖然能體貼有照應，但近親結合的「結果」，卻「結」不出「果」來。等了幾年之後，上皇著了急，親自到金峰山的大神宮去還願祈禱，也毫無影響。只得又替天皇添了幾房家眷。好不容易到了嘉承二年，由一位妃嬪生下了皇子。上皇抱住小孫子，歡喜得淚流滿面說道：「十年來，朕朝夕盼望的，終於實現了！」

孩子出世之後四年，體弱多病的堀河天皇駕崩，由上皇做主，皇位傳給四歲的孫子，號稱鳥羽天皇，又把皇太弟三宮撇開了。可是三宮人緣好，又是才藝出眾的人，詩詞歌賦、吹打彈唱無所不能，一班不得意的文士騷客自然聚集門下，在仁和寺花園裡歡宴，幾無虛夕，人望之高無與倫比，對上皇仍然形成了一大威脅。

鳥羽天皇即位後的第六年冬天，忽然在皇后宮裡發現一張紙條，寫道：「醍醐寺的座主勝覺方丈手下，有個名叫千手丸的，將來行凶！」侍女撿到之後慌張萬狀，馬上呈遞上皇，上皇立刻派人把老和尚勝覺逮捕，他的弟子仁寬這時聞訊跳牆而逃，當然一併拿下，審問之後，原來畏罪的朋友正是主犯。他是三宮的護持僧，嚴刑下知道他由九月裡就開始念咒想咒死天皇，但是毫無效驗，沒有辦法才叫千手丸去行刺。千手丸幾次喬裝改扮，混進宮裡，都沒能得手。此案偵破之後，出人意外的是處置得十分輕。醍醐寺的老方丈無罪，主犯仁寬和尚、從犯千手丸充了軍，發配到邊疆。三宮輔仁親王雖然對本案無所知，不過因爲仁寬所擁護的是他，脫不了嫌疑，於是從此閉門謝客，禁錮了自己。

白河上皇何以對這樣犯上大逆之罪不取嚴厲的手段呢？他這樣寬大的處置，說明了他內心有愧，是他耍的花招！

他另外的一項花招，是編組了一隊北面武士。是上皇親自指揮的衛隊。人數雖然不多，但是個個都有武功，精於騎射。爲什麼稱之爲北面？是因爲這隊武士都駐屯在上皇辦公院址的北面，隨時聽候召喚。上皇這一花招卻種下了禍根！從此武士有了地位，慢慢地出頭了。

在前九年之役、後三年之役裡，武士的聲望已經逐漸展露。源賴義、源義家父子屢建戰功，令人刮目，源義家尤其不凡。他不但武藝高強，智勇雙全，並且能在戰勝之後毀家酬功，犒賞了與他並肩作戰的袍澤，反證了朝廷的吝嗇與無賞罰。源賴義、義家父子一向忠於藤原攝政家，對三宮輔仁親王也執禮甚恭，因此白河上皇對源氏一族起了戒心。尤其在後三年之役，義家連破頑寇，人望極高，號稱天下第一武勇之士，像是一頭極難馴服的猛犬，所以始終不敢重用他。可是時事並不太平，免不了還是常常要動用武力，除了義家之外，勇敢善戰的衹有他的同胞弟弟義綱，那時義綱雖也武藝高強，但脾氣比乃兄還壞得多。更糟的是源家兄弟叔姪受了皇恩寵遇，一個個都跋扈了起來。義家在世時，他的次子義親（長子早死）已經桀驁不馴，屢屢闖禍犯法。朝廷下令義家去追討，那時義家已經六十八歲，將近古稀之年還要去捉拿自己的嫡子，實在是人情所難堪，而君命不可違，就在這雙重懊惱下，老將一命嗚呼了。義家逝世之後，義親更加兇頑，殺人越貨是常事，朝廷派去的命官全不放在眼裡，一個個都做了他刀下之鬼。到鳥羽天皇即位的時候，他居然率領了手下郎黨，襲殺了出雲郡的官長，搶奪了官物，名副其實地反了。白河上皇震怒，源家將已無可用，於是他起用了尚無赫赫名的北面武士平正盛任追討使，馳赴出雲去討伐義親。

平正盛是皇胤高見王之後，賜姓平，代代都任地方官，在東國一帶勢力強大，往往聚眾為亂；不過平正盛的高曾祖平貞盛，卻是敉平「平將門」之亂的大功臣。平正盛為人靈巧，上皇有位最鍾愛的女兒，不幸在二十一歲時便病故了。上皇為了思念愛女，為她祈福，特地將她所居的住處改為佛堂，在周年的時候，平正盛將他所有的花園、兩個村的田地送贈給這佛堂，因此得到了上皇的青睞。其實他是藉此保存了他的所有，祇不過在名義上讓給了皇室，而得到了永久的保障。他這時恰好任因幡③郡太守，鄰接出雲，順理成章有他平亂的責任。他接命之後，立刻飛騎到源義親在京裡的宅第，望屋發射了三矢，然後英姿颯爽地上路了。義親是個殺人不眨眼的魔王，誰都知道他不但武藝高強，並且黨羽甚眾，初出茅廬的平正盛是否真能是對手？是個大疑問。他出發的日子是十二月十七日，出雲離平安京雖然遙遠，但是一去竟毫無消息。上皇等得像熱鍋上螞蟻，經過一個多月之後，忽然接到他簡短的捷報。

③ 因幡國即現鳥取縣，出雲國即現島根縣，但馬國為現在的兵庫縣。

怎麼樣發現叛賊，怎麼樣進剿，戰鬥的情況如何一概不提，祇輕輕鬆鬆地說：「正月六日抵出雲，立將惡賊源義親及其從黨四名斬首。下月上旬可返抵京邑，呈獻首級。」上皇覽奏大喜，等不及他還都，便論功行賞，由因幡郡的太守一下擢遷爲全國第一的但馬郡太守，他的兒子也同時授了官。這樣不次的殊恩，很受當時物議，但上皇卻是想收他爲腹心，並且藉此抑制源家將的氣焰。

他凱旋之日，上皇親臨檢閱。正盛騎馬佩劍，率領眾兵將，威武堂堂整隊前來。在旌旗蔽空、民眾夾道歡呼當中，正盛下馬向上皇恭恭敬敬地獻上了賊子義親等的首級。這是前所未見的景象，讓世人知道從此源家完了，代之而興的是平正盛。但是儘管上皇刻意栽培，民間仍然不信一個毫無武名的平正盛能不費吹灰之力似地殺了義親，因此歷經二十餘年之久，不斷假借義親之名而出現的惡漢，始終不絕。

源家是不是就此完了呢？沒有，反而以此爲開端，釀成了源平兩家一百年間血淋淋的爭霸。

白河上皇最荒唐的行爲，恐怕要算他的亂倫事件了。白河自從皇后賢子英年亡故之後，很有曾經滄海之感。到了晚年忽然遇見了一位尤物，是權大納言藤原公實的女兒，名喚璋子。她眞正是當得起「美目盼兮，巧笑倩兮」的絕代佳人。雖然有人嫌她不夠莊重，但是上皇卻一見傾心，只恨年齡差距太大，不好意思納入後宮，權且認爲義女，等到孫兒鳥羽天皇十六歲時，就將她嫁爲鳥羽的皇后，而做祖父的白河卻是實際的新郎，越俎代庖，翌年便生了個雪白滾嫩的小小子。白河老來得嗣倍加憐愛，他這名義上的曾孫簡直是他的心肝。等他心肝到了五歲上，白河便逼迫鳥羽讓位。衹有二十一歲的孫兒縱然心中老大地不願，但對於祖父的嚴命哪能抗拒，於是五歲的小兒便登上寶座，號稱崇德天皇，尊鳥羽爲上皇。而白河這時皈依了釋道，自稱法皇。因此自一一二四年到一一二九年之間，日本同時有了三皇：天皇、上皇、法皇。

一一二九年（大治四年）的七月，氣候炎熱非凡，白河法皇忽然得病，到了七月七日病情惡化，當天巳時（即午前十時），這一代昏君以七十七歲的高齡，龍馭上賓了。在日本歷史上白河算是眞正執掌政權的一位君主，此後幕府政治形成，皇室若贅旒了。

白河的紕行惡政，在他去世後不久，所有的後遺症一時併發，成爲不可收拾的局面。

他所培植的武士，經過這幾傳之後，漸漸坐大，日本成爲武人的天下。他刻意拔擢的平正盛，斬了義親之後，在僧兵作亂當中，擔任了衛戍京洛的任務，又去平定了九州的叛黨，積功敘到從四位。這從四位在文官裡已經很高，可以參與國家大政，在武官裡更是罕見，可以算是殊榮。白河不僅對正盛恩寵有加，對正盛的兒子忠盛也特別加以青睞。平忠盛很早就列名北面武士，在他二十歲的那一年，一名江洋大盜名喚「夏燒」的竄進京城，屢屢犯案，追捕者懾於他的凶狠，趦趄不敢去碰他。忠盛年少氣盛，率領了兵卒，在幾番格鬥下，終於將「夏燒」制伏逮捕歸案。上皇大喜，從此倚爲心腹，經常扈從。白河生性浪漫，寡人有疾寡人好色，後宮三千之外還愛冶遊。一晚在濛濛細雨中，他微服到祇園去訪問一個雛妓，轎籠抬到一個荒涼處所時，忽然在前面暗黑裡，現出蓬鬆巨物，還不斷閃閃發光。從人個個嚇得魂不附體，認爲是妖怪出現，拋下轎籠裡的上皇四下奔逃。唯獨忠盛保持冷靜。他想如果是鬼，箭射無用，如果是狐狸，不如生擒。他於是竄上前去想把牠活捉，卻原來是個披了蓑衣戴了雨帽的老翁，因爲燈籠熄滅，不斷敲打火種想點燃，所以發光。上皇對於忠盛的鎮定十分賞識，許他爲忠勇兼資的將才，於是就將祇園的雛妓賜了給他爲妻，其後生了一子，就是一代英雄平清盛了。

忠盛深蒙白河的寵信，也能竭智盡忠爲皇室效命。他外平流寇，內佐營建，連續擢升，以功晉位爲刑部卿。以一介武夫晉位爲卿，在當時是極難得的，免不了爲群僚所嫉視，計畫到豐明節大會群臣時，在殿上好好當眾奚落他一場。有人去向他警告，他嘆道：「如果被人羞侮了，豈不辱沒祖先，如果竟不敢上殿，則我累世武臣的英名豈不丟盡！」他於是帶了一把木刀，上塗銀箔，上殿之後，在暗地裡迎著亮光抽出那把刀，祇見銀光閃閃，寒氣迫人。他那班同僚看他有備，要動武的樣子，全都噤若寒蟬了。朝拜以後，他將佩刀交給了殿上侍衛，鞠躬而退。他的同僚哪肯罷休，奏他大不敬，持刀上殿，應該嚴加議處。上皇查問之後眞相大白，不但沒有加罪，並且認爲他權宜處置十分得體，是大將的風度，終他一生都受了白河上皇的恩寵，可惜死得早了，沒有能看到他愛子的發跡。

白河歿後，他的孫子鳥羽這時也以上皇之名實施院政④，大權在握了。鳥羽對於他的祖

④ 院政即退位的上皇代幼帝執政之謂。

父免不了怨毒在心，祖父不但占有了他的美妻，替他生了兒子，並且強迫他讓皇位給這不受歡迎的小東西，名義上是「子」，而實際上是「叔」。這件亂倫的事是公開的秘密，舉朝皆知。鳥羽也老著臉皮叫這孩子爲惡極哥（叔叔兒子）。此時爺爺死了，他可以出氣了，爺爺所主張、所實行的，他都一概推翻，爺爺信任的人，都放逐或免職，祇留了一個例外，就是平忠盛和他的兒子清盛，利用他們保駕。

五歲就當了天皇的崇德帝，過了這六年的美好日子，曾祖父又兼生父的白河撒手人寰之後，從此便倒楣了。最看他不順眼的，就是他所謂的父皇鳥羽。他的媽媽璋子，雖然有不可告人的畸戀，但靠她年輕稀有的美貌，依然和丈夫鳥羽之間生了四男二女，可惜好景不常，色衰愛弛，以前可原諒的行爲，到老了就算起舊帳，不斷勃豁，鳥羽尤其振振有詞地公然徵求嘉耦，太政大臣藤原長實家有位及笄的淑女，秀麗非凡，名叫得子，於是便納入後宮，在保延五年五月，生下了一個嬌弱的男嬰，鳥羽如獲至寶。娶了得子之後，眞的「得子」了！誕生後三個月，趕忙就立爲皇太子，等到孩子三歲的時候，他便和崇德商量，要他讓位給三歲的皇太子，騙他道：「你是名義上的父皇，將來還怕沒有你的份？」崇德那時祇不過是二十三四歲的青年，十分單純，心想不錯，總有一天我也會掌權，實行院政的，不如今天大大方方讓位算了。孰不知詔書下來時，卻公告是讓位皇太弟，而不是皇太子。這一字之差，謬以千里了，因爲讓位給皇太弟，就沒有當上皇的資格，將來也就無從掌政。崇德吃了這一悶棍，悔恨萬端，祇有俟機報復。

三歲的皇太弟即位，是爲近衛天皇，這位小天皇福薄，體弱多病，好不容易養到十七歲上，便一病嗚呼了。崇德滿心以爲可以重祚，或者可以由他的兒子來承襲皇位，誰知事情並不這樣單純，小天皇的娘得子不但有傷子之痛，自己又沒有再生男孩，她卻很不願意皇位落在與她毫無淵源之人的身上。關白太政大臣藤原忠通早看清了這點，便來和她共謀，在近衛天皇還在世時就獻策，立她的義子守仁親王爲皇太子，守仁親王是鳥羽的孫子，自幼喪母，由得子撫養，愛如己出。忠通既然有立守仁之意，得子焉有不贊成之理，於是一個在朝中，一個在宮內，兩方面對鳥羽極力促成其事。不過這也並不是全無阻力，並且阻力很大。原因是關白大臣藤原忠通的父親藤原忠實是白河上皇時代的關白。因爲得罪了白河，被白河撤了職，才改用了他的長子忠通，而忠通一向非常恭順，深得白河信任。忠實的次子賴長，是個博學多通的讀書人，他看不慣兄長的阿諛奉承，更同情父親無故受挫，敬佩父親的耿介守正，因此父子三人之間分成兩派，有了間隙。白河去世之後，忠通立刻失勢，鳥羽主持院政，第一件大事，就是把老忠實由鄉間裡請了回來，並且重用了賴長，賴長也藉此機會很發揮了他的才識，不過書呆子總脫不了呆氣，他一心以爲從此青雲直上，夢想由他承繼祖上的榮光，卻沒有注意到螳螂捕蟬，黃雀在後，有人在暗算他，而暗算他的人，不是別人，卻是他自己的胞兄忠通。

皇娘得子思子心切，一天請了位巫女來宮裡作法，巫女倒地後，死去的小皇近衛的陰魂附在她身上說道：「朕的死因，是有人跑到愛宕山廟，在廟裡的天公像的眼睛裡，釘了釘子……」於是急忙差人去愛宕山，找到小廟，果然天公像的眼睛裡有鐵釘。使者追問廟裡的和尚，這是誰幹的，答道：大概在五六年前的一個夜裡，不知是誰，偷偷來釘上的。皇娘得子和忠通異口同聲，兩口咬定，這絕對是忠實、賴長兩父子派人幹的。說也奇怪，鳥羽竟也相信了他們，並且一轉眼之間，這位萬乘之君愛憎的對象突然改變，本來認爲老成持重的忠實，變成老朽頑固，青年才俊的賴長，變作輕浮不實，而本來認爲靠不住的忠通，現在認爲是極端可靠了。

皇娘得子撫養的守仁親王這時還小，並且這孩子還有父親在，就是鳥羽的次子，當然不好撇開父親，而去立兒子爲帝。因此父以子貴，立爲天皇了，是爲後白河天皇，小娃娃的守仁親王立爲皇太子。

書呆子的賴長這時還沒有意識到禍已臨頭，後白河天皇登基之後，他滿以爲一切照常，癡癡等待「內覽如舊」的聖旨，內覽者代拆代行，替天子行事之意也，但是久久不下，經過了最長的一月之後，他方才發覺形勢突變，政權早已轉移到他哥哥手裡，他鬱鬱怏怏，悄悄回到宇治老家。但他哪裡靜得下心來，他那熾烈含冤之氣，像磁電一般吸引了另外一位失意人，那便是崇德帝了。

後白河天皇即位，改元「保元」。鳥羽似乎已經察覺到周圍的形勢不穩。他召集了外郡方面的武力，進駐禁內，選拔了當時名武士平清盛等十人，要他們立誓擁戴新皇，他這樣精心地配置甫畢，就在四月裡發起病來，延到七月二日，鳥羽薨於位，得年五十有四。在他病篤期間，謠諑已經四起，說崇德帝和左大臣賴長要起兵來奪權了。在人心惶惶之中，崇德帝果然開始行動。他一面通知賴長起事，一面召集手下武士，準備奇襲。在他陣營之中，有老將源爲義，他是名將源義家之孫，叛賊源義親之子，義親授首之後，朝廷對爲義還是屢加重用，也立了不少顯功，這時他雖然年事已高，但他部下的源家將多人，個個勇武超群，是崇德最倚仗的一支實力，不過源家將中有一人，爲義的第八子源義朝，早就被鳥羽上皇所賞賜，把他編在立誓效忠新皇的十名武士之中，因此他沒有追隨父親投到崇德營裡。

到了七月十日，雙方秣馬厲兵準備接戰，在崇德、賴長陣營裡驍將源爲朝主張夜襲，他是爲義之子，久經陣戰的人，並且算定了在敵陣裡的弟弟義朝倘若被重用爲主帥的話，必定也會採用夜襲的戰略。爲朝的建議被賴長否決了。他說：「咱們今天是兩位天子爭天下，應該建振振之旗，鳴鏜鏜之鼓，堂堂正正地見個高下，豈能乘黑夜裡偷偷摸摸地討便宜！」他這番正論，果然堂皇，雖然贏得了眾議，卻輸了決定性的大戰。爲朝所推斷的沒有錯，敵陣果然起用了他弟弟義朝爲帥，義朝果然採用了夜襲的戰略，七月十一日子夜，月白風清，三路軍馬撲向崇德駐紮的白河殿，乘風縱火，一時火光彌天，源家將雖然奮勇抵抗，但是從來沒有經驗過兵火征戰的崇德，嚇得魂不附體先滑了腳，於是全軍潰散，賴長爲流矢所傷，落荒而走，敗眾紛紛投降，崇德逃到仁和寺裡落髮爲僧，躲到七月十三日還是出來自首了。賴長負著傷，輾轉逃到了奈良，找到了老父，不料老父拒不收容，他祗好自刎了。自以爲是的青年才俊，就這樣結束了他絢爛的一生，行年才得三十七歲。

從犯源家將死得最冤枉，老將源爲義本來閉門謝客不問世事，禁不起崇德帝禮賢下士的工夫，把珍藏的名劍「鵜丸」贈送了給他，才率領了子弟兵來效命，兵敗之後，他投到了自己的兒子義朝的帳下請降，希望留得一命，但義朝不許，一家門七名武士一齊斬首。

這次雙方都是兄弟，後白河是鳥羽的兒子，崇德雖然是老皇白河所生，名義上卻是同胞手足，忠通和賴長是親兄弟，兩方對陣的主將，更是一父所生。史稱這次的政變爲保元之亂，時在後白河天皇保元元年的七月。

# 平治之亂與平清盛之崛起

保元之亂後，武士的氣焰越發囂張，有野心的文士們也感覺到倘若不與武士結交，終究不能成大事，武士成爲天之驕子，連天皇也少不了他們。從此他們特殊地位奠定，日本重武輕文了。

後白河天皇在保元之亂中獲得了勝利，複雜的皇室體制，由於鳥羽法皇之死，崇德上皇之竄，總算單純化了，院政自然解消，大權集中到天皇手中，一切發號施令統一了起來，事情好辦得多了。在保元初期，的確有了復興的氣象，美好的典章舊制一一恢復了起來，所謂的朝儀又重見於當時，主持這些政事的，是一位三朝元老藤原通憲，他博學多才，在鳥羽、崇德、近衛三朝之中，歷任外官，屢遷才膺任爲下日向的太守。仕途對他不算順遂，頗有懷才不遇之感，尤其他精於相術，自己左看右看，總覺得面現凶相，終究會不得好死。於是他在近衛天皇的天養年間，轉官少納言的時候，看破了紅塵，別了老妻子女，決心去做和尙了。他本來飽學，對於掌故典禮尤其精通，一旦棄官而去，朝廷之中少了一位博古通今的達人，使得剛剛得意的左大臣藤原賴長，登時失去了一位可以隨時諮詢的活字典，免不了要嗟嘆地說：「這是天亡我國了！」通憲出家以後取名圓空，不久又改名信西，但說也奇怪，時來運轉鴻運當頭連城牆也擋不住，他當了十年和尙之後，近衛天皇以沖齡夭逝了。在皇室的奪權鬥爭中，一位冷門王子拾到了便宜，一向沒有人理睬的雅仁親王，忽然榮膺大選，一夕間變爲後白河天皇了，一人得道雞犬升天，最幸運的卻是這位半生蹉跎的文士和尙藤原信西，他的妻子朝子原是雅仁親王的奶娘，是個賢慧的淑女，她的父親也是在朝爲官，官居紀伊的太守，因此她的同僚也就稱她爲紀伊局了。她侍奉養育這位王子也備極辛苦，此時她算出了頭，升任二位的女官，號稱紀伊二位了。信西有這樣一位賢內助，朝夕在天子左右侍奉，當然得到不少便利，於是他便施展出當世無雙的才學來，爲後白河天皇效命。所以在保元初期有了輝煌的成就，可惜爲時不久，這位後白河天皇經過兩年的單純天皇統治之後，又恢復了院政，他是不肯背棄當年和鳥羽法皇的約定，決定禪位給他十六歲的長子守仁親王，號稱二條天皇，這位王子自幼由鳥羽法皇的寵妃得子號稱福門院撫養，是個嬌養慣的寶貝孩子，現在一朝得權，自然也要玩弄玩弄，而恰好小天皇的周圍有一群青年才俊，個個都摩拳擦掌地想一顯身手。不過羽翼已經豐滿了的信西，雖然遁入空門，無意仕道，但他胸懷大志，一心想輔佐王室，提高天子的地位與威望，他盡力壓抑攝政家的氣焰，凡是能削弱攝政家的舉措，他就毫無忌憚地推行，他逐漸收回攝政家的莊園，解散他們的武力，而將這些人力物力都集中到營建皇室美輪美奐的宮殿，居然在兩年之內，把以前燒毀了的內廷，全部恢復了舊觀，請後白河遷進那巍峨的殿堂裡去。他幹得起勁，雖然沒有正式的官位，但言聽計從，比宰相的權力還大，這眞是臥榻之旁，豈容他人酣睡，因此這班新貴想要有所冀求，總會撞著這位不肯通融的硬漢。偏偏這時有個不懂事的小夥子，出身仕宦之家名喚藤原信賴，很受後白河的寵信，寵極而驕，乘著朝廷改制，以爲有進身的機會，於是要求任近衛大將。此事被信西知道之後，他便期期以爲不可，不但口諫，並且大作起文章，把唐朝安祿山的事蹟畫了三卷手卷，歷述安祿山如何得寵，又如何恃寵跋扈，再如何領兵叛國，呈請後白河閱覽，就這樣把這位「信賴」先生描述得不可信賴，當然近衛大將也當不成了。

心浮氣躁的信賴受此打擊，恨得他咬牙切齒，焉肯就此罷休，他於是便去聯合一批不滿信西的人，想要除了他。首先他看中了源義朝，義朝在保元之亂中，戰功第一，是他主張對敵先發制人，實行夜襲的，同時他的一族中，祇有他投在後白河天皇麾下，但是信西對他卻有偏見，因爲源家歷來和攝政家淵源最深，信西爲了要殺攝政家的氣勢，所以在主持論功行賞時，故意的僅僅升他爲左馬頭，一個五位的官職，而對平清盛則擢爲播磨的太守，不久又轉官爲大宰大貳，很明顯地有了差別待遇，不但此也，信西還拒絕了源義朝的一項親事，義朝有女及笄，出落得花顏月貌，義朝視爲掌上珠，他爲了巴結信西，自動上門說願意將女兒嫁給信西的兒子「是憲」爲妻，哪知碰了信西一大釘子，他說：「我家兒是個讀書種子，不能做武人的女婿！」如果眞的輕武重文，倒還罷了，但不到幾個月卻替另外一個兒子討了一房媳婦，卻是平清盛的女兒！這明明使得源義朝下不了台，連番的侮辱，哪裡還嚥得下去，所以信賴來和他密商除奸起事時，他正中下懷，恨不得立刻動手，源義朝之外，信賴又說動了小天皇手下的近臣貴戚，都和信西有夙怨有過節的，一個個也都欣然同意參加，信西惹了大禍，從此源、平兩氏之間誓不兩立了。

信賴計議已定，但是因爲顧忌平清盛的武力，不敢發動，而事有湊巧，平治元年（西曆一一五九年）十二月初四，平清盛一家五十餘人，都集合了起來往熊野去參拜神社，信賴得到消息後，聯合了源義朝，率領了五百餘名兵將，在初九的夜裡便去包圍了三條殿，同時又去燒毀了信西的住所，但是撲了個空，沒有抓到信西。信西在事先仰觀天象，發現欃槍星忽然横掃了過來，心知不妙將有大禍臨頭，他便急急忙忙叫他的妻紀伊二位躲到太后宮裡去，自己跑到城南石堂山腳下掘了一個坑，鑽了進去，口中一疊連聲的阿彌陀佛唱個不休，誰知他念出毛病來，信賴找他不到，十分懊惱，不料有人報說：田裡新來一位和尚在念佛，於是派人循聲而往，把他捉牢，就地斬首。一代學人爲了盡忠王室，身首異處了。

信賴此時躊躇滿志，拔去了他眼中釘，成功地完成了他的「清君側」，二十幾歲的小夥子目空一切，幾天之後他就自封爲大臣大將。賴山陽所著的《日本外史》寫道：

信賴衣冠僭擬乘輿，坐百官上，聽斷庶政，百官莫敢仰視。

簡直是威風極了，他除了自封而外，任命了源義朝爲四位的播磨太守，又任義朝的兒子賴朝爲右兵衛佐，源氏一門個個都加官進爵。

在事變發生後的第二天，還在赴熊野途中的平清盛父子一行人，被快馬使者趕來報告，大驚失色，清盛本想馳往熊野後再作打算，他的長子重盛十分識大體說：「不可，武臣的責任在赴天子之急，應該立刻赴難。」恰好在他們的行李之內有盔有甲有兵器，於是他們便撥轉馬頭決心北上，到了京裡，平清盛恭恭敬敬地呈上了一份名冊給信賴，心粗氣傲的信賴以爲清盛已經臣服了，不加注意。而清盛卻利用他的不注意，暗地裡和小天皇的近臣勾搭，說以利害，他們也都明白信賴不能成大事，於是乘月白風清之夜替小天皇換了女裝，偷偷走出宮廷，躲進平清盛的六波羅的家裡，第二天文武百官聽說天皇到了平家，一個個也都趕去，連關白（即宰相）藤原基實，信賴的大舅子，恨透了信賴胡鬧，也到了平家。同時後白河上皇也脫身逃到了仁和寺。信賴的榮華夢完了！雖然他仍盤踞著大內，但除了源義朝一黨還衛護著他外，已成爲十目所視十手所指的叛逆了。小天皇就在平府裡下詔討賊，旨令清盛進兵，不過吩咐先要假裝敗退，引誘源家將來追，以免宮闕罹到兵燹。小天皇的戰略果然成功，源家將出宮來追時，宮裡無人把守。平清盛命令他兒子教盛率領精兵進占大內關起諸門。源家將追了一陣毫無所獲，回到宮裡一看，已經遍插了平家的紅旗了，於是軍心大亂，四散潰敗，源義朝單騎奔關東，半途中被人騙，乘他不備將他刺死。沒有出息的信賴，大臣大將都當不成了，聽說上皇在仁和寺，趕去乞請上皇赦免，但是小天皇不許，清盛也說：「首惡不可不誅！」這時武臣的一句話比聖旨的份量還重了，於是信賴被兵士拖了出去，殺了頭，總共做了十七天的春夢，一個二十七歲都未滿的青年才俊就這樣死了。時爲平治元年的十二月二十七日，史稱平治之亂。

源家將在保元、平治兩役中，幾乎全軍覆沒。主帥源義朝殉難後，他的長子義平本來已經逃脫，但聽到老父梟首獄門的消息，哀痛欲絕，喬裝改扮，偷偷潛回到六波羅的平家附近，預備伺機刺殺平清盛，但是被人發覺，結果父仇未報，自己先身首異處了。他的小弟弟賴朝才十三歲被俘，長得目秀眉清，氣宇不凡，押到清盛面前時，居然毫無懼色，清盛下令處死，行刑前被清盛的繼母池禪尼——一位篤信佛祖的老太太看見，爲他求情再三，清盛勉強應允，減死一等流放到伊豆，這位慈悲爲懷的池禪尼救了一命，卻也改寫了歷史。

源家將打垮了之後，平清盛已無敵手了。後白河上皇自從親密的謀臣被殺，身邊正缺人維護，尤其小天皇羽翼已豐，處處都想大顯身手，往往使得上皇難堪，爲了自衛起見，上皇祇有重用平清盛，於是在永曆元年的八月，平治亂後約十個月，他起用了平清盛爲參議，是空前未有的創舉。以前武臣最高可以升殿，但從來沒有能位列公卿的。雖然破了例，奇怪的是，居然沒有任何人反對，足見得當時對平清盛的評價已經不同了。在八年前他父親忠盛去世時，左大臣藤原賴長評估平家的財產，就說過：「富逾巨萬，奴僕滿鄉曲！」賴長是世家門第的闊公子，身爲左大臣，還會對平家有不勝艷羨之語，可想而知清盛早就是豪門之後，聲勢奪人，而況此時「武臣」已經成爲他家的獨門生意，誰都想巴結他、依靠他，物以稀爲貴，事實上的貴，比名義上的貴，更值錢更貴，再加上些虛名，誰也不會覺得駭怪。不但此也，誰都知道平清盛是名妓祇園所生，誰都知道祇園是風流老白河法皇的禁臠，誰都知道爲了酬勞清盛的父親忠盛護駕有功，把祇園賞賜了他，誰也知道祇園嫁到了平家，不久便生下了清盛，清盛究竟是誰的兒子是個謎，很可能是老白河的後胤，當時便有此傳說，至今還是歷史家聚訟的焦點，總之清盛的來頭大，他位列公卿，好像很該當。擢爲參議之後，便一帆風順連年升騰，在他兼任檢非違使的任內，將異己的人一網打盡，押進牢裡或充了軍。翌年他轉任中納言，再轉爲大納言、兵部卿，到了永萬二年（西曆一一六六年），他已經晉爲內大臣，再過一年，躍過左右大臣的階段，而爲當時最高的官職太政大臣了。平治元年他由參議之職做起，青雲直上達到了位極人臣，不過短短八年，那時他整五十歲。

清盛官運亨通的原因，由於他會做人，在屈居下位的時候，他穿梭於諸權貴之間，頗受歡迎，但經過這八年的異數，自然而然驕縱起來，尤其他和皇室攀上親，成爲外戚，更不可一世，並且看破了法皇與天皇之間，爲了爭權，互相鉤心鬥角，使他對皇室的恭敬大大打了折扣，同時也怪皇室不爭氣，小天皇貪戀新寡嬸娘（近衛天皇的皇后）的美色，讓臣下譏諷指摘稱爲「二代后」，而小天皇的側近明知此舉不妥，但誰也不肯逆鱗直諫，祇有逢君之惡，阿諛奉承，等到大錯已鑄，人言嘖嘖時，小天皇祇有自怨自艾，毫無主張，而那些諂佞之輩反而有幸災樂禍的神氣。清盛看清楚這是翦除小天皇羽翼最好的機會，《日本外史》寫道：

清盛以此數人不諫，陷帝於惡爲罪，欲斬之。

雖然由大臣們求情免去一死，但還是充了軍，這顯然是在處分小天皇，從此小天皇也無顏見人，把皇位讓給了他兩歲的兒子順仁親王，號稱六條天皇。他自己抑鬱不樂，幾天後便逝世了，得年二十六歲。

清盛位極人臣之後忽然得病，來勢不輕，他求醫問卜，一時總好不起來，祇好辭去太政大臣的重任，擇地靜養，他這時所有的子子孫孫一個個都已經是高官，一門之內位列公卿的居然有十六人，上殿的也有三十多人，百官之中半數是平家班，所以他儘管辭職養病，朝政還是少不了他，到了第二年，他索性出家做了和尙法號淨海，果然病有起色，很快他又精神抖擻發號施令了。有名的《平家物語》裡說清盛的親戚，位爲大納言的平時忠驕傲地自誇：「凡不屬於我們這一門的人，都是些人非人（沒有出息的傢伙）！」清盛尤其自以爲了不起，對法皇有時都頤指氣使起來，幸而他的長子重盛很識大體，數次進諫，勉強維持著君臣之禮。

在藤原家當政時，幾乎沒有例外，每一位太政大臣都和皇室沾上親，以外戚的身分來攝政，是最上的榮譽！清盛此時還比不上當年的藤原家，心中不免耿耿。等到仁安三年，他的小姨子滋子和法皇之間所生的憲仁親王長到了五歲，清盛便把他抱上龍座，把原來那小六條天皇換了下來，稱號高倉天皇，同時他趕不及地把他所生的女兒德子送入後宮，作爲高倉的皇后。他這種獨斷獨行，不顧人家同意不同意的作爲，使得法皇十分難堪，法皇的左右也都憤憤不平。法皇的執事藤原成親是平家的兒女親家，過去屢次政變風暴之中他都有份，是個利慾薰心的策士，他官拜權大納言，恰巧這時近衛大將出缺，他很想謀這份差使，以爲唾手可得，不料卻爲清盛的第三子宗盛搶去，他氣惱之餘，和他的僚友藤原師光密議如何翦除平氏，師光是上皇的第一暱臣，老信西的好友，信西慘死之後，出了家法名西光，法皇念舊，作爲清客，一直在法皇左右。他們二人聯合了檢非違使平原賴、式部大輔藤原章綱、前近江太守源成雅等人進行除平陰謀，爲了找一個秘密的集會地點，特地去結識了法勝寺的和尚俊寬，借他鹿谷的別館議事，不過他們這群人裡缺少一員武將，由成親想到了一個人，是一位名源行綱的武人後裔，《日本外史》寫道：

> 密議之曰，平氏專恣，子所目也，吾受院敕陰圖之，而未得將率焉，子源氏胄也，盍爲我將，成殊功，取顯位。

這位源行綱雖然是武人的後裔，但從來也沒有作過戰打過仗，祇憑空言要他去拚命，和不可一世的平家班見高下，藤原成親眞是饑不擇食了，不過源行綱當時也就糊里糊塗地答應了下來，參與他們的陰謀了。

事有湊巧，西光的兒子師高任加賀的太守，他幕中人爲了小事和左近白山上的僧徒衝突起來，當年的和尚都是無法無天惹不得的凶漢，偏偏師高年少氣盛，自以爲以官府之尊能怕得了幾十來個頭陀不成，誰知和尚眞有群眾，他們立刻聯合了延曆寺的僧徒大舉興師問罪，入犯京闕了。負治安責任的重盛（清盛的長子），率領三千騎護衛宮門，將他們擊退，但是山徒們不服，還圖再舉，法皇沒有辦法祇好遣人調解，把肇事的師高免了職，還充了軍。和尙們的氣算是平了，可是西光心裡不能平，爲什麼處罰的祇是我兒子師高一個人，凶狠的僧徒反而一個都沒有事！他於是奏明法皇，比叡山的座主明雲方丈也應該處罰。法皇認爲合理，於是判處明雲充軍，哪知明雲被解出山門不遠的地方，馬上就被山僧劫回，簇擁著又安然坐鎭在寺裡。後白河這時大怒，敕令清盛去討伐，清盛居然抗命，他和明雲是好友，法皇下不了台，改敕藤原成親去攻打山僧。成親奉詔高興得不得了，這是給他機會，讓他以剿凶僧爲名，事實上則是出其不意消滅滿門平氏！他立刻傳令行綱，準備起事。行綱卻不是傻子，他衡量了兩方的實力，成親這面絕無勝算，他於是乘夜馳赴平清盛處告密，一五一十地把成親和西光的陰謀全部抖了出來，清盛也大驚，當夜直歸京師召集子弟宗族，浩浩蕩蕩地直達御所，面奏法皇說：「有凶徒，圖滅臣宗，臣執而鞫之，然事必有源。」他是責問法皇，是不是你也有份？

當然法皇也預聞其事，《日本外史》寫道：

法皇失色，不知所答。

衹有西光算是好漢，他被逮後很爽快地招供了一切。但是口不饒人，反唇痛罵了清盛一番，清盛怒極，死命腳踢西光的臉，然後令人將西光的嘴撕爛，拖出刑場，殺了頭，這是治承元年六月間事。西曆一一七七年。

成親就沒有西光英雄了，他先抵賴了一番，及至看到西光的供狀後方才認罪，他的親家重盛（清盛的長子）來爲他說情，清盛拗不過他兒子的苦諫哀求，答應將他充軍，但半途上還是把他殺了。

清盛對這件事不肯善罷干休，法皇已經是他的仇敵，一不做二不休，他要把後白河法皇幽禁起來，由於重盛垂涕而諫，他暫時隱忍了下來。重盛爲人忠厚，看他父親日益驕橫，憂心忡忡，總覺得會有大禍臨頭，做夢都夢見他父親被誅戮，終於他得病，恰好宋朝來了位名醫，清盛要他去就醫，他堅決不肯，說：「這會有辱國體的。」他實在無法改變他父親的脾氣，他是求死。到了治承三年的七月裡他逝世了。行年不過四十二歲。他死後平家就開始土崩瓦解了。五年後清盛斃，再五年整個平家班亡了。

# 源賴朝的崛起與平清盛的死亡

鹿谷之變暴露後，清盛恍然感覺到已成爲眾矢之的。但是心高氣傲的他，不肯自我檢討，反而認爲是法皇對他不起，有功不賞，好歹不分，因此憤恨不平，有意發作，幸而到了治承二年（西曆一一七八年），忽報皇后德子有喜了。德子是他的愛女，選進宮裡爲高倉天皇之后，已有八年之久，始終未孕，此次懷胎，清盛眞是驚喜交集，如果一索得男，將來登基爲帝，自己豈不是可以以外祖而攝政了麼！這是歷來人臣最高的願望。清盛於是親身到嚴島祠，請求神祇賜降麟兒，等到十月臨盆之期，偏偏難產。廷臣紛紛議論說是過去殺人太多，怨魂作祟，清盛也深感內疚，延請了高僧禳禱，法皇這時也虔誠地替兒媳婦誦經念佛，經過一陣子鬧哄哄之後，眞所謂精誠格天，孩子安然出世了！清盛抱著新生的嬰兒，喜極而哭，由於寧馨的出現，清盛對法皇的怨氣軟化了，爲了表示他的喜悅，特地選獻了錦帛黃金等物，哪知法皇卻又多了心，說道：「怎麼！拿我當專幹祈禱的！居然給我賞錢！」兩人之間誤會很深了，尤其重盛故世之後，居中調解的人沒有了，而清盛經常又不在京裡，他在福原地方另闢了他個人的據點，因此法皇的左右更容易挑撥是非了。治承三年，嫁給藤原家裡的盛子，是清盛的三女，青年守寡，這時病故了，她留下的遺產很多，都由公家接收了。她的夫弟（小叔子）藤原基房位爲攝政，奏請法皇任命他八歲的孩子師家爲中納言，這一缺循序應該由藤原基通遞補的。基通是盛子的義子，也就是清盛的義孫，而這位小叔祇顧到了自己的兒子，把嫂嫂家裡的關係忘得精光，他最不該的是奏請法皇將原來已經賜給了平重盛的越前國的領地，在重盛死後馬上收回，這簡直是昏了頭，故意與平家爲難了。清盛那裡忍受得了，恰巧這年的十一月裡，京都大地震，人心惶惶眞像是末日到來，互相走告，說是太政大臣要來了，果然到了十四日，清盛率領了全身披掛、金甲耀日的幾千騎士，由福原殺奔到都城裡來了。基房情知不妙，趕忙叩謁法皇，說：「清盛來修怨於臣，恐不復能奉侍左右矣！」法皇答得好：「雖朕亦不能自保也！」君臣二人牛衣對泣還能有什麼用處！清盛這次無人諫阻，他實行逼宮，把後白河法皇遷到鳥羽殿關起來，由武士看守，祇准信西的兩個兒子進出陪伴他。又免了基房等四十三個人的官職，卻將那位想補爲中納言而不得的基通，躍升爲攝政了。這時任何官職都不過是徒擁虛名而已，大權集中在清盛一身，他一意孤行爲所欲爲，可憐物極必反，福兮禍伏，清盛的末日快到了。

到了治承四年，清盛急於想以外祖的資格攝政，便把女兒德子所生未滿兩年的小娃娃，捧了出來爲帝，號稱安德天皇，而尊他父親高倉爲上皇。高倉則一肚皮的狐疑，爸爸被囚，兒子爲帝，究竟是凶是吉，清盛對他本身如何處置，他不敢問也不敢向人打聽，衹有求神保佑了，他於是偷偷乘了宋朝來貿易的商船，出海到了嚴島參拜神社請賜奇蹟。他回到了京都時是四月初九，果然就在這一天神衹降靈了。

當天夜裡，眞是鬼使神差，忽然以仁王府裡來了幾位不速之客，以仁王是後白河法皇的次子，他詩歌書畫無一不精，不過受了平家的排擠，始終出不了頭，連「親王」的宮銜都當不上，他胸懷鬱抑，已非一日，尤其眼看著清盛的跋扈不臣，幽禁自己的父親，更是氣憤塡膺，但衹恨他手無縛雞之力，又與武臣之間毫無淵源，衹有徒呼負負。不過由於他才名很高，爲人溫雅，尤其精於相術的少納言藤原宗綱有一天看到他，斷言他必將大發，身任國柄，這預言不脛而走。凡是恨清盛的人，都寄望在以仁王身上，認爲衹有他才能滅清盛。初九夜深人靜，來訪的是源賴政以及他的兩個兒子。源賴政是一位年逾古稀的老將，在過去的幾次變亂中，都曾立了功而從未邀賞，眼看著平家班一個個大紅大紫起來，自己總沒有份，但他沉得住氣，以吟詩歌爲樂，在詩歌壇上的知名度，也不亞於他的箭技武功了。好不容易挨到了治承二年，清盛忽然良心發現，也不知哪裡聽來，說老將病重將死，於是他上奏本，舉薦源老將軍晉級爲三位（品）官，文曰：

源平二氏國之堅也，而平氏獨膺上賞，遍及全族，此固平氏戮力王事應有之酬，蓋亦皇室眷念勳勞，不吝厚賜也。源氏亦多勇士，惜多附逆，致遭天討。惟源賴政者賦性正直，勇名滿天下，而屈居下位未蒙升擢者有年，茲年逾七十，尚未達三位，邇來復嬰重病，深恐不久於人世，懇賜加敘，庶幾生前得沐聖恩！

清盛是做給人看的，不但示恩於源氏，並且表示他大公無私！但是老將源賴政豈能不懂！清盛儘管賣好，源賴政硬是不見情，硬是不感激。這時他已七十有五歲了，並沒有病，身子硬朗得很，他久儀以仁王詩歌的盛名，也深知以仁王的遭遇，特來探探口風有無反「平」的意願，兩下交談之後，異常投契，老將於是掏出擬訂好了的討伐清盛的計畫，祇需以仁王降旨，由他負責傳檄東國各地的源氏子孫，共同起兵討賊就行了，以仁王大喜拜倒在地，眞是正合孤意。他立刻親自起草討「平」檄，自封爲最勝親王以取個吉利。老將得到了密旨之後，他利用當年風行參拜熊野神社的習俗，派人趕到熊野去散發以仁王的旨令，果然各地的英雄豪傑聞風而起，眞是如火燎原，「討平氏」的呼聲響徹雲霄了。

清盛還蒙在鼓裡，他衹知道是以仁王反對他，絕沒有懷疑到反他的主謀，就是他提升爲三位的源賴政。他一方發動廷議，貶以仁王爲庶人，改他的名字爲源以光，發配到土佐去充軍，另一方他命令老將源賴政爲先鋒，率領兵將剿滅叛徒，他慣用權術，以爲利用了源賴政，源氏子弟就不會跟他作對了。哪知他所派遣的非違使，到了以仁王府，以仁王已經先得到了源賴政所遞的消息，逃到了圓城寺去了。本來各寺的和尚一向據山爲王，互相嫉視，這時看見王子遭難，延曆寺、興福寺的大眾都和圓城寺聯合起來，一致擁護以仁王抗拒平家，不過僧兵雖然凶狠，究竟不是久經征戰的隊伍，當然敵不過平家的正規軍，而源賴政所號召的各地義士，以事出倉卒來不及集中。因此平家的大軍一到，便無法抵禦。源賴政此時縱然帶了二子逃脫了平家營，投奔到以仁王麾下來合流，無奈寡不敵眾，衹好奉了以仁王往奈良方面退走，行到宇治川的平等寺的地方，被追兵趕上了。源賴政衹有拚死一戰，他仗著川流甚急，將那長橋拆斷了，不料敵騎由上游強渡而過，形成包抄之勢，老將看事不可爲，拔刀自刎了，兩個兒子也都殉難，以仁王單騎逃脫，但到了光明山前爲敵軍發現，被流矢所中，墮馬而死。文弱書生千金之子，爲了鋤奸喪生，但他精神不死，討賊的密旨仍然活生生地傳遞著，像野火一樣，燒遍了東國。時爲治承四年五月二十七日。西曆一一八〇年。他行年整三十歲。

在平等院激戰的晚上，清盛忽然心血來潮，由福原趕到了京都，幾天後他向天皇、後白河法皇、高倉上皇宣布，定在三日遷都福原。這是青天霹靂，誰也不敢問理由。六月初二，天皇、法皇、上皇依命起程，在攝津過了夜，三日到了福原，福原一切都沒有準備，三皇衹好委屈著分別住宿到平氏族人的家裡。大臣們更是無處容身，衹好露宿了。幸好六月天氣，雖然夜涼如水，也還熬得過去。福原，倚山面海，風景優美，衹恨面積太小，縱然想大興土木，無奈地方侷促，劃不出幾條通衢大道來，六卿百僚勢不能舉家遷居，弄得妻離子散怨聲載道，但誰也不敢公然抗命不來，深怕會惹重罰，眞是敢怒而不敢言。清盛面臨到眾叛親離的局面了。

福原決定爲新都之後，發現種種條件都不夠，不但面積不足以規畫成爲略具規模的城市，尤其散在各要衝的平家莊宅不敢動分毫，因此無法實施都市計畫。同時平家的子姪在京都早有豪華的邸宅，誰肯放棄那美輪美奐的天地，重新再來經營這片新地區呢！平宗盛，清盛的第三子，第一個反對遷都，他株守著京都的老宅硬是不搬，平家的大亨、皇室的外戚平時忠也昂然不理。而朝中大小官吏不能不服從命令的一個個叫苦連天，在新搭蓋的茅屋裡度日，而秋風一起，寒風透骨，一向舒服慣了的嬌生貴冑，都生起病來。同時偌大一個華美的京都，經過了幾百年的慘澹經營，驟然放棄，登時荒涼了起來，百業蕭條，人跡稀少，首先要求還都的是延曆寺的和尚，他們凶得很，居然要挾說，如若不依，他們就要動武！平宗盛也苦諫他父親，父子之間發生了很大的爭吵，這時已經到了十一月裡了，海天呈現著一片灰黑，更令人想念京都的燈紅酒綠來，延曆寺又再度上奏請還，可是十一月十一日在福原營造的皇宮完工了，清盛請天皇移居，二十日豐明節照樣的舉行，到了二十三日忽然發令：「一個人都不許留，全部離開福原回到京都去！」就這樣，二十六日天皇、法皇、上皇以及平氏一家、大小官吏隨從士兵，浩浩蕩蕩地又遷回去了。

當時的才子學者藤原兼實在他的實錄《玉葉》裡寫道：

一天之下，四海之內，王侯卿相，緇素貴賤，道俗男女，老少都鄙，無不歡喜，此事誠散眾怒，萬民之所企望也。

足見得清盛離奇的遷都還都，完全是一時衝動的行爲，他那時已跡近精神錯亂，壞事做得太多，懷疑人家會來暗算，尤其以仁王的暗影不離左右，使得他坐臥不寧，實際上以仁王的密旨確實是在發生極大的作用，清盛擾攘遷都還都的當口，源氏諸雄一個個都在摩拳擦掌，挺槍躍馬地形成氣勢，不再是星星之火了。

平治之亂中被清盛俘虜了的源賴朝，那時十三歲，若沒有慈悲爲懷的老婆婆池禪尼來救，早成爲刀下之鬼了，經過整二十年伊豆的流放生活，他變成冷靜深沉、喜怒不形於色的一條好漢。監護他的人北條時政雖然是平氏族人，但早就看出源賴朝是個傑出人物，他不但沒有當他是個囚犯，反而選他爲東床佳婿，把女兒政子嫁了給他。而賴朝確也是個人才，他默察平清盛的作爲，知道他狂妄自用，終會垮台，他秘密地糾合了同志，令他們分散各地，布成情報網，京裡的一舉一動都有人向他報告，甚至其他要衝之處，都有他的眼線。他自己卻好像端坐在伊豆，一心念佛不問世事的樣子，所以平清盛從來也沒有把他放在眼裡。以仁王的鋤奸企圖，宇治川的戰敗，源賴政的自殺，以及以仁王的被弒，他都得到報告，知道這是起義的機會到了。他便會同了丈人北條時政以及同志八十五人，在治承四年八月十七拂曉襲殺了平氏派駐的官吏，五天之後便由伊豆出發，正式反了，沿途又糾集了一些黨徒，居然也有了三百人左右，不過烏合之眾，難以敵對有訓練的隊伍，到了石橋山，遇見了平氏的正規軍，一接觸便潰散了，北條在「甲斐」有舊，賴朝急命他往「甲斐」逃去，聯合所有的同志再圖發展，他自己則率領了殘餘，偷渡到了安房，然後轉來上總，上總的太守平廣常居然和他合流，揭起了以仁王討清盛的旗幟，進入到武藏野了。

武藏野原是個荒涼的平原，漫山遍野長滿了草。這裡是葛西族的盤踞地，他們以畜牧狩獵爲生，以山林爲家，個個精壯慓悍，是一群善馳驅、使強弩的粗坯，他們這種肝膽相照不顧死活的鬥士，和京都裡習於禮儀的宿衛武士大不相同，源賴朝一到之後，葛西族的頭領葛西清重聞風來投靠，賴朝大喜，有了葛西族爲後盾，他的氣勢大振，治承四年十月，他進入到鎌倉，以鎌倉爲他的根據地了。

那時清盛還在福原忙於建都，他連連接到捷報，「快騎」並傳說賴朝已經戰死，清盛也深信不疑，以爲么魔小醜是不堪一擊的，毫不在意，忽然東國有情報來說賴朝沒有死，並且氣勢浩大，自成勁旅了。清盛大怒，他也發現自己做錯了，叫道：「東國奴輩，皆彼父祖家人，而我派彼於東國，是使彼群來滅我家也，何異借盜鑰乎！」他於是趕去見上皇，二十歲的高倉。《日本外史》寫清盛與高倉之間的對話，極其生動，照錄如下：

陛下妙齡，蓋未及知耳，往時有爲義、義朝者，敢行凶逆，欲敵法皇，臣以謀略誅夷之，而義朝少子有賴朝者，此豎子，獲之伊吹岳麓，當斬，臣繼母爲請宥之，臣即召見之，曰十三歲，短身涅齒，有問輒答不知，特憫其幼稚，且自謂與源氏非有宿怨，特以君命焉爾，遂宥之，今聞其在配所，敢謀不良，臣不堪悔恨，請得宣旨討之。上皇曰，稟法皇，答曰，主上幼（這是指安德天皇才兩歲），陛下親父，決在聖斷，何直稟法皇爲，陛下莫乃庇源氏乎？上皇哂曰，猶爲此言邪？即賜宣旨。因問大將可屬誰，曰臣嫡孫維盛可。

由這篇記載裡，可以看得出清盛的火氣與度量，他對於後白河法皇始終耿耿於懷，也懷疑皇室祖護源氏。

維盛才二十三歲，以右近衛中將，做追討使率領大軍出征，行到中途，聽說賴朝領兵二十萬，由鎌倉出發，越過了足柄山，到達黃瀨川，又和北條時政所召集的軍隊二萬人會合。兩軍隔著富士川布開陣勢，維盛手下將佐意見不合，尤其任嚮導的齋藤實盛建議繞道速戰，未被採納憤而歸去了。最糟的是維盛所帶領的兵都是新募的，沒有見過大接戰，看見對方黑壓壓的一群，漫山遍野的旗幟，已經膽顫心驚，十月二十日的夜裡，忽然到處聽到嘩嘩一片銜枚疾走的聲音，是河裡的水鳥群飛，士兵驚起，以爲源家軍來夜襲，於是「人馬相踏藉而走」，全軍潰散，逃得無影無蹤，只剩下追討大將軍和他的主要將佐十騎，狼狽回到了京都，是治承四年的十一月五日。

清盛大怒，把維盛叫來痛罵：「你奉命爲追討使的那一天，就是將性命獻給皇上了，倘若你軍敗屍骨無存，倒沒有什麼可恥的，但是現在你這追討使不交兵就全軍覆沒，還有臉回來！」他恨極了，但他沒有勇氣處罰他的孫子。藤原兼實在《玉葉》裡寫道：

追討使敗後，竟無下文，清盛神情自若，了無驚恐之態，宛如中酒，平家氣運恐將盡矣！

旁觀者清，平家的氣運是完了。十一月二十六日，清盛奉了三皇由福原回到了京都，第二天二十七日，延曆寺的和尚就宣布他們與源氏合流，二十八日平家的屬領「知行」、「若狹」等地的官人一個個也附了源氏，二十九日圓城寺的僧兵也與源氏的軍兵結集在一起了，明顯的，富士川的一戰，平氏的弱點暴露無遺，成爲四面楚歌的態勢，但是對付僧兵還綽綽有餘，這時已如發狂的困獸，以清盛的第五子爲大將向各寺進軍到處燒殺，結果數百年來的寶刹，興福寺、圓城寺、東大寺，大佛殿都燒得精光，寺裡的和尚也遭了浩劫，死者千餘！

養和元年正月高倉上皇崩。英年早逝，是一位仁孝聰慧之主，詩歌都作得好，又會吹笛子，可憐受制於權臣，抑鬱以終。他逝後清盛發了慌，安德天皇才得三歲還不懂事，無法挾天子以令諸侯，但想起左大辨藤原長方曾經勸他「宜復政於法皇」，於是祇好老著臉，把幽禁了兩年多的後白河法皇請了出來求他聽政，法皇不肯，他獻上了兩塊肥田「美濃」和「讚岐」來賠罪，法皇才勉爲其難地應允了，士氣說也奇怪立刻好了起來，平家軍連連告捷，局面似乎又穩定了下來，但是清盛的死期到了，他有一次獨坐，忽然看見階下有數百個人頭，匯結成爲一個大頭，然後張目瞪著清盛，清盛也就回瞪，人頭慢慢縮小而滅。他家裡養的馬，忽然老鼠在馬尾裡做了窩，占者認爲不祥，以小犯大，鼠爲子，馬爲午，子午沖是源氏沖平氏之兆。

到了養和元年的閏二月末，清盛病了，發高燒，煩躁得不得了，泡進冷水裡去，水都會熱起來，他難過極了，號叫的聲音，連門外都聽得見，他知道快要死了，對家人說：「我位極人臣，又為帝者的外祖，還能有什麼憾事，祇恨沒有能看見源賴朝的頭而死，我死之後不要供佛，也不要念經，祇要斬了賴朝的頭顱，掛在我的墳前就行了！」病了七天，薨。六十四歲，他的願望始終沒有能達成。時為西曆的一一八一年，中國已是南宋孝宗時代了。

# 平家的滅亡

清盛死後，平家的重心，落在他的次子宗盛的身上，宗盛雖名爲武人，但毫無武人氣息，好修飾文藝，對於軍事兵法絕無興趣，和他的長兄重盛大大不同，重盛是位文武兼資智勇雙全的英才，不但孝於親，也忠於君，可惜他懍懍於父親的跋扈不臣，在恐懼悵恨中抑鬱而死，行年不過四十二歲，他死後，清盛便如脫韁之馬，爲所欲爲，他的眾子竟沒有一個有膽有識敢於死諫的，宗盛雖然並不贊成他父親的作風，但不能像他的長兄一樣，堂堂正正地說以大義來糾正清盛，而任由清盛做出一連串自毀的舉措，清盛逝世了，但是大錯已鑄，平家滑進了滅亡之路了。

宗盛承繼了平家總管的大位之後，便去晉見後白河法皇，自陳過去他沒能諫阻他父親的作爲，至爲不安，今後他將唯命是聽。同時請法皇發駕回鑾，回到法皇的舊居法住寺殿裡。

算是與法皇和解了。不過自大慣了的人，往往不肯冷靜衡量形勢，宗盛當然也不例外，雖然他自承以後對法皇的詔旨「唯命是聽」，但是到了眞該承旨的時候，他卻有了意見！賴朝占據了鎌倉之後，他刻意經營，作爲他的永駐據點，他很有禮貌地寫信給平清盛的弟弟賴盛，感謝他當年爲他求情，得以保全了性命，也上了一封懇切的奏摺，文曰：

臣非敢爲亂，乃靖亂耳！陛下倘不棄平氏，則請面講和，二姓並仕如往昔，其忠否簡在陛下。

他這漂亮的輸誠言和之舉，宗盛卻不能把握，他一口回絕了說道：「臣父臨終命臣等，必與賴朝決死，語猶在耳，臣等不能和。」後白河法皇碰了他的釘子，不便再勉強他，就讓他派兵遣將自掘墳墓去，爲了安撫他，任他爲內大臣，賜隨身兵仗，具騶從，極盡了人臣的恩寵。但是出師不利，兵敗如山倒，在四面吃緊的情況下，京都岌岌可危了。

以仁王的檄旨不但振起了伊豆的源賴朝，同時又激動了另外一個源家子孫源義仲，他潛伏在木曾山谷裡，隱姓埋名地過了二十多年，現在像顆彗星一樣，放出極大的光芒來。他是孤兒，父親義賢被親姪兒惡源太所殺，惡源太「惡」且狠，要斬草除根，命令他手下人畠山重能將那才兩歲的嬰兒義仲也處死。幸而一點菩薩心腸救了這條小命，畠山把他委託給當時一位武士齋藤實盛，齋藤又讓他奶娘抱走，遠適他鄉，輾轉躲到了荒山裡。長大之後，他練得一身武藝，在木曾城的土豪中原兼遠家裡當一名雜工，但是他英武豪邁，贏了小小名氣，便被平家的爪牙偵知了。平宗盛發覺了之後，把兼遠找了來，要他把義仲綁了解到京裡來，並且叫他具了結效忠平氏，不可再有二心，兼遠在淫威之下，一一都依了，但是回到家來，他卻把義仲放了！這眞是放虎歸山，義仲知道平家要整他，便一不做二不休，糾合他那些同黨，明目張膽地捧奉了以仁王的檄旨，響應了他的堂兄源賴朝，正式反了，時爲治承四年（西曆一一八〇年）九月。二十七歲的小夥子勇不可當，由木曾出發之後，所向披靡，到了第二年的六月平家派了大軍來剿，不料竟被他殺得片甲不留。寬永元年是個大荒年，乾旱屢月禾苗枯死，田裡一點收成也沒有，於是餓殍遍野，民不聊生，但是平家連年敗北，不敢怠慢，仍然厲兵秣馬部署了防守的陣容，平家將一起都出動了。

平維盛雖然在富士川一役中，被水鳥嚇潰，到底還算是平家最出色的大將，這時他拜命爲追討使，徵調了各地的兵丁十餘萬人，進入北陸道，打算一鼓蕩平義仲，然後再進剿賴朝，接戰的初期，平家打了幾次小勝仗，但是在俱利伽羅山麓的一戰，義仲在朦朧的月色中，實行夜襲，利用了田單的火牛戰術直衝到平營裡去，殺得個鬼哭狼號，平軍跌落到山澗裡去的不計其數，是役也十萬大軍損折了三分之一，而平家的勇將清盛的第七子知度也喪了生。時爲寬永二年的五月十一日。義仲於是像怒濤一般繼續挺進，在篠原之役，義仲率領了五萬之眾大破平家軍，七十三歲的老將齋藤實盛明知平家大勢已去，他仍然獨力苦戰，被刺身死，敵將呈獻他首級時，才發覺他滿頭白髮，是從前救過義仲性命的恩人！

義仲繼續追擊，逼近京都了。京都附近的僧兵爲了報復當年平家的燒殺，紛紛響應了義仲，聲勢浩大，朝中震恐，由後白河法皇主持會議，研討退敵之策，其實這時除了接受源賴朝函中所提的意見而外，還能有什麼方法呢？就是赦了源氏叛亂之罪，由源平二氏共事皇室，但是平家怎麼能嚥得下這口氣？廟議又被他們否決了。恰巧在西海方面報稱平家打了勝仗，虜獲了大批輜重軍糧，尤其在荒歉嚴重的時候，有了十萬石食米，眞是喜從天降，在這樣的捷訊之下，更不甘言和了。平家於是又重新部署，期待堅守。可惜軍心已經渙散，一接觸便紛紛逃脫，義仲長驅直入，已經到京都郊外比叡山下了。

宗盛看到大勢已去，召集了族人表示要奉了天皇、法皇一同避到西國去，徐圖再舉。宗盛的弟弟知盛說：「不可，我爲皇族後裔，於今八世爲武臣，未嘗退避，寧決戰於此，刀折、矢盡而後已。」他的兩位叔叔也都以爲「不可」。但是宗盛不聽，便去請法皇，而法皇忽然不知去向，他不能再等，於是縱火把自己偌大一所華美邸宅燒了。帶同小天皇、皇太后、皇弟，和國寶劍璽細軟，以及他的族人全部往西去了。

宗盛的叔父賴盛一同去到鳥羽的地方折回頭，撤去了平家的標誌「赤幟」，偷偷進入到京都，請求法皇准許他躲在御殿裡。賴盛是清盛的胞弟，爲了他父親傳給他一柄寶刀，始終爲清盛所不諒，同時由於他曾經爲源賴朝求過情，得以不殺，源賴朝至今稱謝不忘，使得他更不必去和宗盛共命，但是此時脫離了平家，對平家確是致命打擊，名副其實的眾叛親離了。

源義仲率領了他的東國武士，在寬永二年的七月二十八日堂堂進入了京都。在窮山裡長大的義仲忽然到了花花世界的京都，簡直是人間天上。他粗獷的性格和這文化精粹之地，當然難以相容，而他的部下士卒兵將，和他一樣，都是絕無教養的一群野人。進得京來焉有不大發獸性，姦淫擄掠了起來，整個京都，被這新來的虎狼騷擾得天翻地覆。法皇也發了慌，任命他爲左馬頭兼越後的太守，希望他做了官之後，能勒制他的部屬。到了第二年的正月更擢升他爲征夷大將軍，並且把以前賜給平家的領地二百多所，全部轉賜給他，登時他成爲前所未有的大富翁。朝廷雖然用盡了方法來羈縻他，但是軍紀仍不見好轉。尤其他干涉到皇室的繼承問題上，王公大臣們對他的憎惡更深了。他一心想擁戴以仁王的皇子北陸宮。但是這時小天皇安德天皇，雖然被平宗盛劫持而去，仍然在位，並且皇位繼承的信物，鏡、璽、劍，所謂的三神器，都在平氏手中，非先取回方能談論到擁立什麼人。而義仲急躁得不得了，逼迫法皇從速決定。義仲不過是一介武夫，怎麼能有資格推戴自己心目中的君王，簡直是狂妄，是對朝廷一大侮辱，因此王公大臣這時協議由法皇指定了高倉天皇的第二皇子立爲後鳥羽天皇。義仲是個粗人，挨了這一記悶棍之後，大發雷霆，行爲更爲凶暴了。法皇坐臥不安，於是託詞平氏還在蠢動，請他出征，他領了部屬在壽永二年的十月去攻打屋島的平家軍，但是出師不利，忽然又聽到源賴朝派了他兩個弟弟範賴、義經率領大軍西下，他心知不妙，即刻回師。賴朝和他原是堂兄弟，雙方感情卻早有間隙，殺他父親的惡源太，就是賴朝的哥哥。雙方在起義的時候，也屢有衝突，不過義仲總認爲平家未滅，自家兄弟不該內訌，爲了表明心跡，特地把兒子送到鎌倉爲質，結果雙方的嫉視並未解消。賴朝所布下的情報網，早把義仲和皇室之間的僵化情形報告得一清二楚，他的密使也暗通皇室，皇室受不了義仲的欺凌，祇有命令賴朝去追討他了。

義仲回京之後，便懷疑賴朝的出兵是奉命而行，對皇室更加無禮，法皇無奈，祇得派遣了一位檢非違使平知康去勸他，哪知他竟變本加厲地毫不聽勸，反而出言不遜，把知康趕了回去。知康回報的時候，將義仲橫蠻無理的情形，如實地陳敘出來，然後加奏道，爲了安全起見，應該邀延曆寺、圓城寺的僧兵幫同衛戍，四歲的後鳥羽小天皇也應遷來和法皇同住。法皇都一一依了。哪知激起了義仲的憤怒，他衝進殿裡，把法皇、天皇趕到別處幽禁起來，放了一把大火把整個殿堂燒了，然後將衛戍的武士僧兵六百三十多人全部殺光。這還不能洩他的憤，一古腦兒免了四十九位公卿的官職。

壽永三年正月，源範賴、義經的大軍迫近了，他倉皇去應戰，但這時他楣運當頭了，連戰連敗，在近江的粟津被殺，梟首，掛在京都的獄門前，一代猛將，像彗星一樣放了耀眼的異采，也像彗星一樣，倏忽間消逝了。他死時才得三十一歲。

當源義仲像孫悟空一樣，在京都大鬧天宮的時候，平家將得到了喘息。他們在屋島安頓了下來，在室山打了一次漂亮的勝仗，使得他們元氣恢復了起來，尤其令他們興奮的是義仲的惡行，讓人民思「平」了。壽永三年，平家將已經將山陽南海一帶諸州，次第收復過來，於是慢慢迫近京都，回復到他們的老巢福原來，負山臨海，重新修築起一座堅固的新城來。以此爲據點，又去克復了四周不少地方。聲勢旺了起來，可惜好運不繼，義仲雖然死了，但是又來了一個剋星。源範賴、義經好生厲害，尤其義經，和義仲一樣年輕勇猛，卻比義仲有教養，讀過書懂得戰略。兄弟兩人攻破義仲之後，晉見了法皇，請到了討伐平氏的詔旨，便率領了大軍，來攻福原了。義經一馬當先，實行夜襲，把守在北山的平軍擊破，就來圍城，平家將奮勇抵抗，數度卻敵，但禁不起四面圍攻，終於城破，平家將便棄了福原，在一之谷再負嵎頑抗，殺得天昏地暗，平家勇將，清盛的第五子重衡被俘，平家子弟戰死的竟達十人，當年都英姿颯爽的五陵貴公子，這時一一都被人斬了首。這一戰役，平家慘敗，宗盛和皇室眷屬幸而都在船上，得以逃走保住性命。

義經大獲全勝之後，馳歸京都，獻俘，法皇叫人傳諭重衡，命他寫信給宗盛，交出神器，就饒他不死，放還屋島去。重衡明知宗盛不會肯，但法皇的命令不敢違抗，寫去之後，果然無效，宗盛的覆書道：「神器不可須臾離聖體也，陛下尚思忠盛、清盛遺勳者，則辱枉龍駕臨幸西州，臣等護以西南四道兵，以討亂賊，否者，臣等有赴三韓、契丹而已，不能奉命。」

法皇無奈，便將重衡檻送到鎌倉去，由賴朝親自處分他。賴朝卻表現得十分寬大，他簡直待之如上賓。重衡請賜速死，賴朝反而擺上宴席；求為僧，反而叫了美女名「千手」的伺候他沐浴。千手又彈得一手好琵琶，酒酣耳熱，重衡百感交集聽著琵琶的音調，高吟了一歌：

燭暗數行虞氏淚，夜深四面楚歌聲！

他自比西楚霸王，玹下的悲劇重演在目前了。直到明年的六月，因爲他曾奉父命率兵鎮壓過山僧，殺了很多人，並且燒毀了東大、興福兩處寶剎，南都的和尙要報仇，衹好把他解到奈良坂斬首。他剛三十歲。

一之谷接戰後，平氏敗保屋島。而源範賴兄弟都沒有水軍，無法追擊。因此兄弟二人暫時分手，範賴由陸路西進，防止平氏，而義經則折返京都，策畫建立水軍。但是京都方面的意向並不相同，自法皇以下，所有的王公大臣都以神器的安全爲重，萬一追緊了，平氏來個玉石俱焚，把神器毀了，那時悔之晚矣，便無以上對列祖列宗，也無以傳後代。所以對討伐平氏，也無限躊躇。甚至有人認爲義經一味地想建水軍，是不顧大體，跡近狂妄。幸而法皇對義經十分垂青，屢加恩賜，認爲這位年輕人忠勇可嘉，在九月還不過是從五位下的官，到了十月裡已經准許升殿了。後白河法皇對義經的寵愛，卻惱怒了賴朝。義經官轉左衛門少尉檢非違使時，沒有等賴朝的同意和舉薦便接受了，與當年的協議不符，賴朝認爲義經離叛了他而和皇室勾搭上了，就解除了義經追討的任務，但是接替他的範賴，並非將才，衹能守而不敢攻，平家將利用他的懦弱，慢慢恢復元氣，賴朝到了文治元年，不得已只好再起用義經，義經於是刻意經營水軍，一面再號召各方反平家的英豪們，建造船隻，經他一呼百應，各色大小艦艨陸續聚集，居然和平家所有的船隻不相上下了。義經即時進擊，平家在知盛的率領下，奮勇迎戰，可恨兵士眼看著大勢已去，都紛紛潰散逃命。知盛不得已衹好退保壇之浦。這時源家軍由海陸雙方包圍過來，把平家將圍在中心，平家這時還有五百條船，不過其中田口成能的態度十分曖昧，知盛看穿了他有問題，請宗盛即刻處置他，宗盛不肯，反而召了他去，要他當心，明顯地暗示了他，是對他起疑了。

接戰開始，田口成能果然率領所部的船隻叛變了。登時陣容大亂，知盛看到事不可爲，登上他母親時子的船上報告戰況，船上的女眷紛紛來問情形，他大笑說：「東方的武士們會來接你們去了！」他母親這時非常鎭定，把她的外孫小天皇用寬帶緊緊束在一起，小天皇問道：「婆婆咱們到什麼地方去？」婆婆還委婉地答道：「到最安全的地方去。」然後她把宗盛找了來說：「你不是我的兒子！是一個傘工之妻所生，那時你父親切望我在重盛之後再生一個男孩，我卻生了個女孩，恰巧那時你出生，就把我女換了你過來，現在你是平家人，要死得漂亮！」說罷，她便背著八歲的小天皇，手裡拿著神劍，投海而死了。太后跟著也投海，不過爲人所救起。平家將知盛、教盛、經盛一個個都戰死，唯獨宗盛跟他的兒子清宗還想逃生，但是已經被敵艦團團圍住，脫身不得，又沒有勇氣自裁，舟子看他們下不了決心，故意走到船邊將二人雙雙推下水去。但是他們都是泅水的健將，游不多時便被人發現撈起送給義經，平家將全軍覆沒，有能走脫的也都自殺。二十年前平家將飛黃騰達時，一門任公卿的十六人，許上殿的三十多，他們自豪地說除了平家人而外，都是沒有出息的。短短二十年這批有出息的，都做了刀下之鬼。這是壽永四年（西曆一一八五年）三月二十四日，距離南宋厓山之亡陸秀夫負帝投海殉國，早了九十四年。

# 源賴朝、源義經兄弟鬩牆

壇之浦大戰，平家將全軍覆沒。平清盛的夫人時子背了小外孫安德天皇，手裡拿著傳國神劍，投水自溺而死。天皇的娘，清盛的女兒跟著也跳下海，但她一頭的烏髮飄在水面，很快爲眾兵士發現，撈了起來，送到源義經船上，平家總帥平宗盛獨不肯死，雖然被舟子把他父子二人推下海去，但他們都深識水性，想泅泳逃生，仍然爲敵軍所獲，雙雙被擒。平家將見大勢已去，紛紛自殺。

源義經大獲全勝之後，凱旋到京，晉見後白河法皇奏捷，另飛報鎌倉，向他親兄賴朝呈獻了長長的一項名單，將這次戰役中，平家將投海死難以及生擒人的官職身分都登錄得清清楚楚。賴朝這天在鎌倉，恰好爲了亡父義朝新蓋了一間廟宇，取名勝長壽院，舉行上梁儀式，接到弟弟的捷報，眞是感慨無量，一晃整整二十五年，當時父親義朝有功不賞，反而接二連三地受窩囊氣，在平治之亂中，又被藤原信賴所利用，拖下水成爲叛黨，兵敗後逃到了「尾張」，仍然脫不了魔手，爲人誘殺，一世英名盡付流水，而自己那時雖不過十三歲，卻已嘗到了家破人亡的慘禍，居然能倖免爲刀下之鬼，但也戰戰兢兢地當了二十餘年的囚犯，這都是親身經驗，有朝一日誓報此讎。果然曾幾何時，如願以償，平家，不可一世的平家，這時全滅了。

賴朝兄弟很多，不過爲一母所生的全死光了，他的二哥有名的惡源太，是個暴躁異常的凶漢，與人一言不合，便會動武，有一天甚至斬殺了他的親叔叔。在平治之亂中，他出了死力保護他的父親，英勇奮戰，在眾寡不敵的情形下被敵軍衝散，他奔走飛驛去請救兵的當口，聽說老父已死，他便變服潛入京都，想刺殺平清盛，不幸被人發覺，中箭被擒，結果梟首示眾。大哥朝長也在平治亂中受了重傷不能行動，爲了避免被俘，求父親殺了他，義朝橫了心一刀把他刺死。另外四個弟弟都是庶出。四弟範賴妓女所生，五弟義門早死，六弟希義被俘，其餘三個是丫頭「常磐」所生。義朝死後，「常磐」躲在龍門里，但是爲了營救她的親娘，不能不挺身出來投案，由於她頗有姿色，被清盛收留，因此她所生三個男孩都保全了性命，最小的一個名牛若，才兩歲，到了七歲，把他送到鞍馬山寺做了一名帶髮的小和尚，教他識字讀書，到了十一歲，發現他家的家譜，知道了他的先世和境遇，於是他發憤自強，白天讀書，晚上就練功夫使刀擊劍，一心想復興家園討滅平氏，他雖然短小精幹，卻雄心萬丈，廟裡的長老幾次要他削髮爲僧，都被他拒絕了，到了十四歲他終於離開了鞍馬寺，隨從了行商，到陸奥去投奔藤原秀衡，秀衡是清衡的孫子，而清衡在後三年之役裡和源義家並肩作戰，是恩人，也是最親密的戰友，而源義家又是牛若的曾祖父。牛若行到中途，他卸下了童裝，穿起成人的衣服來，改名義經，因爲他兄弟排行第九，所以自號源九郎。

到得陸奥之後，果然大受藤原秀衡的優遇，秀衡十分念舊，待義經如兄弟，和他談文論武，極爲投緣，在陸奥住了幾年之後，忽然聽到賴朝奉以仁王的旨令討伐平家的消息，他即時熱血沸騰，恨不得立刻飛到他兄長身旁，和他共患難共榮辱共生死去報殺父毀家之仇，秀衡再三挽留他不住，衹好另派兩個屬員陪他一同馳赴關東去。那時義經二十一歲。十月裡，平家的大軍在富士川畔，夜裡聞水鳥聲而驚潰洞頂的時候，義經恰好趕到黃瀨川賴朝的陣營裡。兄弟二人初次相會，不禁熱淚盈眶，誓滅平家。從此義經便做了賴朝的部將，受命東征西討地爲賴朝奠定了關東基礎。那時他們的堂兄弟義仲雖然擊破了平家的主力，但他驍勇有餘而識見不足，並且好逞意氣，像發了狂似地大鬧京都幽囚法皇，使得法皇受不了折磨，衹好密令賴朝兄弟追討義仲了。賴朝沉得住氣，他在鎌倉靜觀變化，得到法皇指令之後，便派範賴、義經去進擊義仲。義經有義仲的驍勇，也有賴朝的沉著與機智，義仲當然不堪他一擊，便身首異處了。他凱旋晉見法皇時，彬彬有禮，舉止悉依法度朝儀，法皇大悅，的確是歷年罕見的青年才俊，便任他爲左衛門少尉，兼檢非違使。義經在京裡受到了法皇的恩寵，聲譽鵲起，被稱爲智勇雙全的名將，在九月裡官敘「五位」，十月裡已經可以「升殿」了。這是皇上的恩典，是國家的名器，他不敢不接受，不過在他由鎌倉領軍出征的時候，賴朝曾經囑咐除了由他推薦，不可輕易接受朝廷的封誥。但是榮譽心重的青年人早把這項命令忘到九霄雲外。正在興高采烈地計畫如何進軍剿滅平氏的時候，鎌倉一道令下，免了他追討平家的任務。但是他四哥範賴比起他來，眞是處處不如，雖然領了重兵，卻不知如何作戰，祇是一味地請糧請援，使得在鎌倉的賴朝爲他忙不過來地辦理後勤工作。幾個月後，賴朝不得不重新起用義經。果然不同，義經很快出擊，連戰破敵，在壇之浦滅了平氏。

義經卓越的將才表現得淋漓盡致，賴朝接到他的捷報，沉吟不語，他這小弟弟義經源九郎，今後是他的勁敵了。他在伊豆二十多年的流放生活，養成他冷酷、多疑、殘忍的性格，對於義經他不禁起了殺意，「縱然有手足之情，但是此人太過危險，他不僅獲得了皇室的寵信，士卒的愛戴，朝野的人望，而尤其他年輕，一旦羽翼長成，天下還不就是他的！」

義經凱旋京都後，辭別了法皇，護送一千俘虜解到鎌倉。這時鎌倉已經堂堂皇皇地成爲賴朝發號司令的首都，幕府的組織已經完成，一切規模並不亞於京都，祇有比京都還更有效率，義經一行到達了鎌倉近郊的腰越驛，賴朝派遣了他的岳丈北條時政來受俘，同時命令義經不許再前進，義經眞宛如青天霹靂，不知所措，他雖然知道賴朝對他不滿，但絕沒有料到對他的成見竟如此之深，原以爲弟兄之間一時齟齬，見面時祇要俯首認罪解釋清楚，便可獲得原諒，誰知賴朝就是拒不相見，義經在腰越驛徘徊了很多天，賴朝也沒有回心轉意的跡象，義經沒有辦法，祇好哀求賴朝的親信大江廣元替他去說情，《日本外史》記載了那封信：

義經代征討之勞，上夷國賊，下雪家恥，心竊期褒賞，不圖忽蒙讒言，曠日於此，莫以自明，徒涕泣爾，將永違恩顏，骨肉誼絕，自非先人之再生，誰爲分疏焉。義經幼孤，從母逃匿，流寓諸國，爲氓隸所役，未嘗一日安居，然而幸慶忽會，至忝重任，或策馬峻脇，或凌風大海，不敢顧軀命，欲以慰冤魂，伸宿憤，豈有他哉。既辱五位尉，榮顯何加，而遭此厄，憂深悲切，敢上誓書，要之百神，而威猶不霽也，不得不仰公之救護，伏願乘閒進説，庶幾亮其無他，卒被恩宥得享終身之安。

這封書信說得可憐懇切，「我不過被皇上賞了我一個五位尉，算不了什麼榮顯，而這就是我的罪名，我過去替您出了力，代表您去殺賊雪恥，難道不能將功折罪嗎？」這封信去後，也無下文，他又等了好久，只好怏怏地獨自一個回到京都了。

賴朝對於自己的親手足充分表現了一種精神虐待，對於他的俘虜當然也不會寬大，但他卻要表現得仁慈。平宗盛父子被解到了鎌倉之後，賴朝大會將士，自己端坐在細竹簾之內，命宗盛跪在前庭，由他的親信比企能員傳話說：「賴朝非敢復私仇，乃成王命爾，今日之臨，何幸甚也。」他說得堂皇，十足表現出得意非凡，當年是他，待罪的死囚，現在是他的仇人，成爲待罪的死囚了。宗盛這時嚇得魂不附體，叩頭如搗蒜，乞求饒命，毫無風度，不像是叱咤風雲一世之雄的兒子。吃飯的時候，居然有魚，魚上卻架了一把刀，是賴朝暗示他要自裁，但宗盛不從。賴朝於是把他的名字改爲末國，再將他原來內大臣的職位貶爲讚岐權守。讚岐是當年宗盛由京都退出來經營過的地方，這都是意存侮辱他，宗盛仍然不知羞，總還想偷生，到了七月又把他護送到京都去，但走到一大半的路程上，在篠原將他父子二人都斬首，宗盛行刑前，還哭求留他兒子一命。死時三十九歲。

義經回到京都之後，依然受到了法皇的垂青，法皇這時正發愁怎麼樣來對付賴朝，賴朝不斷地發展他的權力，擴張他的地盤，國家的大政節節轉移到了鎌倉，眞有尾大不掉之勢。忽然義經來歸，法皇爲有不喜出望外，以爲借了義經的力量，可以對賴朝起制衡的作用。法皇於是先將由平家沒收過來的莊園轉賜給義經，除了任他爲伊豫的太守之外，兼任法皇院廄的總管，並且衛戍京師。

賴朝風聞義經在京裡，很受到法皇的恩寵，十分惱怒，又聽說他和叔叔行家勾結在一起，在京裡鬼鬼祟祟地有所圖謀的樣子，更加起疑，他便派了他親信隨從梶原景季去察看情形，並且傳令給義經，要他幹掉行家。梶原父子二人都是賴朝手下大將，父親景時，可以算是賴朝的恩人，當賴朝在石橋山起事的時候，就吃過一個大敗仗，那時景時是平家的一員小將，奉命追剿，他雖然明知道賴朝藏匿之處，但他放了一馬讓賴朝逃跑，後來又降了賴朝成爲親信。兒子景季，從小就追隨賴朝，成爲體己的副官，守在賴朝的臥室，任他的護衛，那時景季精於騎射，是個俊秀的勇將，他在一之谷大戰中，身上插了一枝梅花作戰，博得倜儻風流的美名。景季幾次和義經共同衝鋒陷陣，年齡也相若，可以算得是投機的朋友，但是景時與義經之間，卻有過很深的過節，平時兩人意見總是不合，壇之浦一役，景時請當先鋒，義經不肯，反而自己當了先鋒，景時破口大罵，義經於是也火了起來，認爲他不從軍令，要處罰他，景時居然拔出劍說：「我祇知道有鎌倉公！不知道有什麼軍令！」從此景時對義經有了成見，不斷地在賴朝面前說義經的壞話。

梶原景季奉命到京都走了一趟，回來報告說：「義經病了，等了兩天才見到他，是又瘦又憔悴。」景時馬上說：「他那裡會是病，兩天裡他不吃又不睡，出來見你時，自然又瘦又憔悴！」賴朝這時已經下了決心，他對諸將說道：「各位有哪一個替我去除掉九郎！九郎眞豈有此理，他居然不告訴我就去當了五位尉，比我還先升殿，車服華麗奢侈得不得了，皇上賞賜的恩寵，應該謙辭才對呀，反而狂妄了起來，壇之浦戰後，居然和太后同乘一船，又娶了俘虜的女兒當妻子，實在是太過分了，這樣不知輕重的狂人，不能饒他！誰替我去除九郎！」

由這番話裡，很清楚地說明了賴朝恨義經的理由，祇不過是妒他搶先得到皇室的恩典而已，他竟不顧手足之情，非要折磨九郎至死不可。他於是派了一位和尚去殺義經。本來是奈良寺裡的僧兵名昌俊，他因事留在鎌倉，很受賴朝優遇。他奉命到了京都，就住在義經左近的一所大邸宅裡。義經聽說有這麼一個和尚來到，心知不妙，便把他請來，一看是熟人，於是問他此行有什麼任務，和尚說要參拜奈良的七處大寺之後再來請安的，義經笑著說道：「不是，不是，你是奉命來殺我的，不過我不能先下手，人家會說我膽怯，而況你是我哥哥的使者，得對你客氣點。」送客出去之後，義經的舞姬名喚「靜」的，告訴義經，客人走時東張西望，尤其注意馬廄，恐怕他不懷好意。黃昏時分，「靜」又來說路上人聲嘈雜，灰塵大起，怕會有事，於是叫兩個侍童去看看究竟，居然久久不回來，覺得奇怪，再叫丫頭去看時，她嚇得面如土色跑回來說不好了，那兩個侍童被人殺死在鄰宅的門前，門前有好多馬匹和武裝了的士兵！到了夜裡，忽然喊聲大震，一群馬隊直奔到義經住處，而義經家裡這時祇有七個人，「靜」急忙替義經披上盔甲，他騎上馬，開了大門直衝出去，叫道：「今天還有誰敢來殺源義經的！」這時昌俊和尚以及他的黨羽六十多人散開，齊向他射來，義經的從士聞變都來救援，叔叔行家也及時趕到，昌俊不敵，終於敗走。義經全身被射像個大刺蝟，到法皇宮奏變，幸而甲冑都厚，他居然沒有受傷。昌俊逃到鞍馬山躲在廟裡，恰好廟裡山僧和義經有舊，將他捉牢，殺了。

此案發生後，雙方抓破了臉，祇有幹到底了，義經和行家聯名奏請討伐賴朝，公卿們怕義經，大家唯唯諾諾，不敢表示主張，唯獨內大臣藤原兼實以爲不可，他說賴朝的行爲，對朝廷沒有什麼違難之處，討伐無名，並且以弟討兄也爲倫常所不許。但是法皇還是偏袒了義經，下了討伐賴朝的詔旨。

賴朝這一面，早就由潛伏在義經家裡的人，連夜趕到了鎌倉報信，那天剛好長勝壽院落成，他行了禮回來，便大集諸將說：「九郎殺了我的使臣，我也可以動手了。」命令他的部屬，明晨就出發，而部將裡有五十多人請求就在當夜動程爲先鋒，賴朝說：「好！希望我人還沒有到前就斬了這兩個傢伙！」

賴朝的行動很迅速，五天之後他親自帶了大隊人馬由鎌倉西征，同時傳檄各地軍兵會集在他經過的地點。義經這一方面的動員，就很緩慢了，他趕不及地請法皇下詔出動關西的兵丁，法皇也依了他，但是官文書從古到今都一樣，手續繁多，除了咬文嚼字之外，還要到處承轉，義經、行家雖然在名義上發動了九國的武力，擾攘了個把月，還不見有一兵一卒，而這時賴朝的大軍已經逼近了。

到了十一月三日義經與行家帶了女婿及親兵等二百餘騎，衹好偷偷往西跑了。在攝津河畔遇到了賴朝的部隊，他們衝殺了過去，到了大物浦找到一條船，倉皇地上了去，預備到九州另打天下。不料解纜不久，便遇到颱風遭逢海難，一行人中多數都不知下落，義經總算漂流在和泉浦爬上岸，已經筋疲力盡，幸而看到了一所廟宇，在那裡寄宿了一夜，從此便到處飄零，像捉迷藏一樣，躲躲藏藏，躲避賴朝所派的眼線。

這時賴朝率領的大軍已經越過了富士山麓，進屯黃瀨川了。聽到義經逃離的消息，便班師回鎌倉，命令他丈人北條時政進駐京都，名爲衛戍，實際是監視法皇的行動，他對於法皇深爲不滿，因爲法皇曾經對他下過討伐令，於是他再三上表聲訴，法皇這時沒有辦法祇好認錯，把一切罪名加到義經身上，對義經也下了討伐令，賴朝還不滿意，他又用了大江廣元的獻策，奏請朝廷，由他新設「守護」一職，分駐各地，以防止叛亂，另外再設「地頭」，以管轄莊園及公領地，把全國的武力財政全部移轉到他掌握之中，不但是對義經撒下了天羅地網，連皇室攝政都變成無事可做，專吃閒飯的一群了。

可憐義經被兄長逼得無路可走，無家可歸，衹能在暗中流浪，仗他往日人緣好，居然混過了幾年，到了文治二年的十月，搜捕越來越緊，不得已衹好去投奔在陸奧的老友藤原秀衡了，他的愛妾「靜」，同他共過甘苦共過患難，是當年白拍子歌舞的明星，難分難捨地衹好分離，分手時他把一切財寶分了給她，並且派了五名貼身隨從護衛她，送她到安全地方去，不料護衛搖身一變成爲強盜，把金銀財寶搶得一乾二淨，所謂的安全地方卻是將她扔到冰天雪地的山谷裡，總算她命大，被山僧救起，送到京都北條時政那裡，再轉送到鎌倉。

義經本人帶同他的部將辨慶化裝爲道士，由北陸道終於逃到了陸奧。

自從後三年之役後，藤原清衡以陸奧爲中心，在東北地區擁有了六郡之地。土地肥腴，民風淳樸，產金砂，出駿馬，清衡善於經營，也精於公共關係，和各方相處和睦，形成了一番和平富庶的局面。清衡以七十三歲的高齡逝世。傳位給兒子基衡，再傳給孫子秀衡，享有了八十餘年的太平，在這八十餘年間，他們祖孫三代建造了不少金碧輝煌的大寺院，陸奧的首都「平泉」繁華得幾乎不亞於京都了。秀衡本來對義經就十分投緣，知道他是稀有的人才，前次他離開時，已極不捨，今番再來，更是喜不自勝，雖然義經此時是個被追討的要犯，收容他將招來大禍，但是義薄雲天，秀衡甘冒不韙了。經過多少苦難與白眼的義經，忽然受到了上賓的待遇，眞如從十八層地獄中，直上三十三天了。滿布偵騎的賴朝，很快知道義經去了陸奧，秀衡敢於收容他，當然大怒，不過一時不敢輕動，因爲秀衡這時也是一方之雄，既強且富，又有了義經爲輔，簡直如虎添翼。偏偏賴朝時運亨通，義經在文治三年二月到達陸奧，同年的十月秀衡就突然逝世，在他病革時，吩咐他兒子泰衡將全區的武力交給義經，由他抗拒賴朝，可惜泰衡天生懦弱，不但沒有遵從亡父的遺命，並且由於受到賴朝不斷的脅迫，認爲義經是個禍源。法皇同時也接到了賴朝的表奏，劾責泰衡：「泰衡庇反者，罪與反同，臣請奉王命伐之。」泰衡聞悉之後，更是戰慄不安，他爲了自保，祇有屈服。到了文治五年閏四月晦，泰衡遣兵襲衣川義經的行館，義經的部將辨慶、經春等奮戰而死，義經手刃了妻子後自殺。泰衡終於自壞了長城。

義經二十一歲和長兄賴朝相逢於黃瀨川陣營中，發誓共興源氏。此後五年間替賴朝打天下討伐「平家將」，又五年被賴朝折磨、追討、逃竄，以至於死。一代名將就這樣結束了他三十一歲的生命。時爲西曆一一八九年。

# 源賴朝的發跡和他的事功

源義經在陸奧做座上客的時候，他的愛姬——苦命的「靜」，已經被北條時政由京都解到了鎌倉當階下囚。她的母親磯禪尼是舞曲「白拍子」的創始作者，「靜」從小就耳濡目染，能歌善舞，成爲名歌星。到了鎌倉之後，聽候發落的時候，賴朝之妻政子夫人久聞她會白拍子舞，極想一觀，命她在新落成的鶴岡寺前的廣場，當衆表演。「靜」因爲有孕的關係，身子已經不甚靈便，她祇好勉爲其難地換上舞衣，由工藤佑經擫鼓，畠山重忠擊銅拍子爲她伴奏，她忍住眼淚邊舞邊唱，徐徐唱道：

吉野山頭，白雪皚皚；念彼伊人，曷克歸來！

吉野山是當年義經被賴朝窮追不捨，和她藏匿的地方，也是她和義經訣別的所在。賴朝聽罷，大怒：「她一句捧我的話也沒有，還在思念義經，非殺了她不可！」這時幸而政子夫人在旁勸道：「當年你倒楣的時候，在風雨之夜，我投奔到你懷裡去時，不也和她一樣的心情！她現在念念不忘義經，是純眞的流露呀！」賴朝對他這位既悍且妒的糟糠伴侶，一向尊重，於是不再計較，由夫人厚加賞賜後，讓鼓手工藤好好送她走。梶原景茂，景時的小兒子，是個色狼，他仗著他爹是賴朝的寵臣，不自量地也跟著鼓手陪伴著她一路回到住處，取酒來消夜，幾杯下肚之後狼性發作，動手動腳起來，「靜」勃然變色，說道：「從前我是伺候鎌倉公的介弟的，你怎麼可以對我無禮，如果你還想維持友道，就請你放尊重些，放在當年的話，你想見我一面都未必能辦得到呢！」景茂碰了大釘子，羞慚滿面地溜走了。

不久以後，她產一子，賴朝心狠手辣，拿出斬草除根的絕招來，叫人把嬰兒殺了，然後送她回京都。她聽到了義經在陸奧的噩耗時，一慟而絕，香消玉殞了，才得二十歲。義經自刎後，糊塗透頂的泰衡還以爲從此禍根已除，可以高枕無憂了。他將義經的首級盛在漆盒裡，注以醇酒，差人送到鎌倉去領功。這時賴朝正忙著大興土木，鶴岡寺的寶塔剛剛落成，接到泰衡的來使，大喜，命令義經的死對頭梶原景時去檢驗獻來的頭顱，確實是義經，他心裡放下了一塊大石頭，他唯一忌憚的勁敵已不在人間了，從今以後他便是天下第一人，可以爲所欲爲了。

剩下了的泰衡，雖然祇是個沒出息的么魔小丑，但是他仍然霸據一方，十分礙眼，正好乘此機會消滅了他。於是上奏道：「泰衡負險阻化，不可不伐。」泰衡沒有料到殺了義經，原是爲了巴結賴朝，討他的歡心的，如今反而招致了大禍。而賴朝的行動向來迅速，他不等廷議的決定，便點起兵馬，分三路大軍進攻陸奧了。泰衡哪裡會是他的對手，他一家人拚命抵抗，仍然節節敗退，繁華如錦的都城平泉也祇好付之一炬。泰衡遣使乞降，賴朝硬是不許，泰衡不得已逃到了蝦夷的境內，賴朝好不神氣，他這時各路軍都已會齊，《日本外史》寫道：

兵總三十萬騎，白旗蔽空。

「白」是源家的顏色，一片雪白的旗海，逼得泰衡走投無路，終於被他的部將，學了他殺義經的辦法，出其不意把他襲殺了。藤原家三世慘澹經營的陸奧，於焉完結！

當時泰衡如果眞能遵奉乃父秀衡的遺命，把軍權交給了義經，以義經的學識智勇以及他部下忠勇的將佐，應該很能和賴朝見個高下，而況賴朝是個聰明人，他看義經在陸奧，未必敢於親冒矢石，大動干戈來掀起一個未必能操勝算的大戰，與京都鼎足而立的局面可能形成。可惜泰衡沒有這個智慧，不旦身敗名裂，連祖業都喪盡了！

泰衡的部將提了泰衡的首級來降，賴朝大罵道：「誰要你殺泰衡！他早已是我掌中物，用不著你瞎幫忙！你是他的部將，怎麼可以背叛他，忘恩負義、大逆不道的傢伙，留著何用！」就把他推出斬了。賴朝出師僅僅四十幾天，就滅了藤原清衡三世爲尊的廣大東北六郡之地。

捷報傳到了京都，朝廷無可奈何，祇好聽憑他處置，於是賴朝便將陸奧出羽六郡之地，分配給他相從的有功將佐，出任官長，儼然是大封功臣。他躊躇滿志，整個日本的統治權落在他掌握之中，不論是行政、司法、軍事、錢糧，甚至於首都的衛戍，都歸他負責了。除了在名義上，他不是元首之外，事實上，他是主宰。

法皇後白河邀請他到京師來，十月，他便率領精兵千餘人，個個穿戴起新製的盔甲，攜帶著兵器旗幟，威容堂堂地整隊由鎌倉出發，經東海道線先在「尾張」駐屯，展謁他父親遇害之地，禮拜後，再去青墓驛和他父親生前老相好「延壽」相會。她已是白髮斑蒼的老嫗，但她還珍藏著他亡父留下的寶刀「截鬚」，這時奉還了賴朝，傳家之寶，物歸原主了。十一月才到京都，京都方面聞訊，法皇以下眾臣齊集在賀茂河的高崗上展望他的軍容，果然威武，是前所未見的景象。他占據了六波羅之後，再晉謁法皇、天皇，他很想就任為征夷大將軍之職，但是法皇不同意，授他為權大納言，兼右近衛大將。這種空名義，在他看來已毫不值錢，不過他不便立刻拒絕，在十二月初一，舉行了盛大的拜命儀式，可是到了初四，他就將文武兩職一概辭謝了。在京中他停留了一個月，便起程回鎌倉。法皇以及朝中群臣頗有惜別之感。法皇對他的才華極為賞識，每次召見，傾談軍國大事，總會「漏數刻不許出」。朝臣中和他最為投契的，是藤原兼實，當年在廷議上，祇有他敢於和源義經力爭，「不可以弟討兄」，反對下令旨討伐賴朝，因此賴朝對他有知遇之感，所以一向另眼看待。這時他已經位為攝政，是朝中第一重臣，但他仍然不滿足，法皇攬權，許多事都不令他預聞，他和賴朝的談話，在他日記《玉葉》裡記道：

賴朝謂余曰，今日之天下，法皇之天下也，任所欲爲，雖天皇亦無權預聞，殆如太子耳，所幸子春秋尚富，而余如亦能倖存者，則法皇萬歲後，我二人似可爲國效命矣。

兼實野心勃勃，雖然已經位極人臣，仍然有所圖謀，在這段記載中，可以看得出賴朝爲人審愼，比起兼實要成熟得多，他主要成功之術，在能忍，待時而動，絕不躁進，不盲動，他這番善意的規勸，可惜兼實未能體會，終因躁進盲動而招致了失敗。

建久三年法皇後白河崩，他病了很久，前一年的冬天就不豫，拖到三月晏駕。他經過了多次變亂，總算此時天下太平了，他卻不能享清福。六十六歲卒。

法皇死後，政局當然大起變化，攝政藤原兼實最爲得意，現在他名實俱是朝廷的棟梁，他更上一層任關白了。爲了結好他的老友，便奏請天皇任命賴朝爲征夷大將軍。賴朝想任此職的念頭已經很久，自古以來，日本東北地區，蝦夷爲亂，不得不興兵征討，爲了調度兵糧，便於行軍，才設此職。最近爲了羈縻那難以控制的源義仲，特重新恢復這名義，義仲死後，法皇再也不肯用，如今法皇故世，既然賴朝有此渴望，就遵從他的意思在建久三年七月的人事異動中，發表他爲征夷大將軍了。

賴朝要求任征夷大將軍之意，是想將他盤踞在鎌倉的事實公然化，這樣誰都不能指摘他不遵王命，意圖獨立。雖然這時蝦夷已無須征伐，離鎌倉也遠得很，但既然當了大將軍，當然名正言順地可以另有自己的組織，不受京都方面的管束節制，何況他對於京都官僚氣氛十分厭惡，一班朝臣專門鉤心鬥角，互相猜忌，蠅營狗苟，爭權奪利，哪能夠像他在鎌倉，廣闊的天地中任所欲爲！於是他拜命爲征夷大將軍後，正式將他的小朝廷公開了出來，這就是所謂的「幕府」了。

他這幕府機構最值得注意的是簡單地分成三大部門：一、是「政所」，處理文書財務。二、是「問註所」，處理大小司法審判案件。三、是「侍所」，管理貼身的武士群，他最重要的資本。

他這個組織其實早就有了雛形，不過受拜爲大將軍之後正式成立幕府而已。

到了建久四年的四月率領眾將在那須野打獵，正月再在富士山麓打獵，帶著他的長子賴家一起，賴家才十三歲，已經會騎射，他居然一箭射中了一頭奔鹿，賴朝疼兒子疼得過頭，連忙派人飛報在鎌倉的政子夫人，她剛生下第二個兒子，所以沒有能隨來，她得到報告嘆道：「這算得了什麼稀奇，值得大驚小怪派專差報訊，他會寵壞了孩子。」眞是知夫莫若妻了！賴朝是個冷靜愼謀能斷的人，對於自己的兒子卻昏了頭。

打完獵，要回來的時候，忽然發生了一件事，會打小鼓的工藤佑經，夜裡被人殺死了，是兩個孤兒爲父報仇，因爲在黑夜裡，無法辨認是怎麼回事，在混亂中殺傷的人很多，有人訛傳到鎌倉，說是賴朝遭到了不測。政子夫人聽到消息，悲駭萬狀，賴朝的弟弟範賴安慰她道：「不怕，不怕！有範賴在！」這句話本來是句好話，但傳到了賴朝耳朵裡變成了幸災樂禍，巴不得他早點死，好由範賴接替！範賴雖是賴朝的同胞兄弟，但與義經不同，他一向小心翼翼，事無大小一律稟報，唯恐賴朝會懷疑他，可憐天下事，往往越小心就越會出錯，這時他深悔失言，寫了一千張悔過書表示忠忱，但哪裡會有用！而他手下偏偏有個忠心過度的力士，看到主人一天到晚栖栖惶惶、憂愁滿面，很想幫忙，但是獃頭獃腦的人向來祇會幫倒忙，有一天他居然躲到了賴朝的床下，想聽聽賴朝說些什麼，呼息很重的他，馬上被賴朝發現，「他來幹什麼，當然不懷好意」，範賴眞是百口莫辯，百辯莫贖了。於是梶原景時，義經的死對頭，這時又力勸賴朝除了範賴，他不等賴朝同意，便派了他手下親兵五百人去襲範賴，範賴舉火自焚而死。他追隨了賴朝二十年，任勞任怨輔佐老哥開拓基業，爲了說錯一句話，招致了殺身之禍，這眞是共患難易，而共富貴難了，此時源家弟兄祇剩賴朝一個了。

賴朝雖然殺人不眨眼，但仍然是個虔誠佛教信徒。建久六年他帶了政子、賴家，一家人都到了奈良，參加東大寺的落成典禮。東大寺被平重衡燒毀之後，始終沒有能重建，後白河法皇生前要求賴朝設法出資修築，賴朝捐助了駿馬千匹，並且請了一位高僧文覺監督建造，這時竣工了，這件非常重要的功德，他如何能不來，然後再順道到了京都去看他的老友藤原兼實，兼實雖然仍是位居關白，但他的女兒任子不爭氣，被選爲妃嬪已經六、七年，始終沒有替天皇生出王子來，而他的政敵源通親的女兒在子，卻剛好在這年爲後鳥羽天皇生下第一皇子，使得兼實十分懊惱，賴朝盤桓了個把月便回鎌倉。

到了建久九年，在相模川上修了一頂長橋，十二月裡完工，他參與了落成典禮之後，在回鎌倉的路程上，由馬上摔了下來，傷勢轉劇，延到翌年的正月裡，溘然長逝了，得年五十三歲。時西曆一一九九年。

賴朝三十三歲奉了以仁王的召檄，起兵討「平氏」，六年之間，便洗雪了國恨家仇，然後掌握兵馬大權者十五年。他能忍辱伺機，不輕舉，不妄動，知人善任，但等到大功告成之後，便心狠手辣地翦除了自家的親骨肉，重演了良弓藏、走狗烹的悲劇，這也是古今中外一例，不足爲怪。不過賴朝爲他子孫謀而殺功臣，卻沒有效果，本來兒孫自有兒孫福，毋爲兒孫做馬牛，做了馬牛可能反而是禍！

北條政子是源賴朝的夫人，她父親北條時政本姓「平」，是「平」家的支族，因爲累代居住在伊豆的北條鎭上，因而號稱北條四郎，他的遠祖和「源」家通過婚，並且附屬在「源」氏麾下已經有好幾代。源賴朝被俘流放到伊豆來後，北條和伊東佑親兩個人奉命監視並且收留他，賴朝幾年以後長大成人，相貌堂堂英俊瀟灑，他先住在伊東家裡，這位落難的小武士很惹人同情，伊東有個女兒，恰好年相彷彿，自然互相愛戀起來，發生關係生下一個男嬰來，伊東知道之後，大急，他生怕「平」家懷疑他袒護賴朝，於是趕不及地把男嬰溺死，把女兒嫁到遠處，再將賴朝轉送到北條家裡去看管。北條本來和源家素有淵源，又發現賴朝深沉穩重，喜怒不形於色，知道他將來必成大器，因此歡迎他來，待如上賓。

他長女政子，天生麗質，聰慧異常，小於賴朝九歲，那時已亭亭玉立，艷如桃李了。賴朝搬進北條家裡來之後，兩人相見便如觸電一般傾心相許了，賴朝色膽包天，便修了一封愛慕小箋送去，兩人就這樣暗渡陳倉了。北條這時不在伊豆，他奉命到京都去當差，任務完畢之後，在歸途中遇見了新來上任的地方官平兼隆，是平清盛的族人，尚未娶妻，北條當時認為這是難得的機會，可以攀上一門金龜佳婿，便把政子許配了給他。誰知他回家之後，發現他女兒和賴朝已經結了不解緣，但他只當不知，還是依約把女兒嫁了過去。那是個雷電交加的風雨之夜，政子冒著風雨，由賴朝策應著，雙雙逃到了伊豆山裡躲將起來，新郎到處尋找新娘，不見下落。北條明知他倆的去處，假裝大怒，假裝駭怕，一直到賴朝起事，首先解決了這位丟掉了老婆的傻漢，才算結束了這件風流案。

賴朝、政子成了眷屬之後，十分恩愛，不過那時的社會，凡是有了相當地位的人，誰不擁有三妻四妾，何況賴朝成為一方之雄後，他的部屬為了巴結他，焉有不用女色來取得他的歡心的！而政子卻以悍妒著名。她絕不許有第二個女人出現，賴朝討過一房小老婆，名喚「龜之前」，是個小巧玲瓏的女子，他不敢養在家裡，送到自己的親信廣綱那裡金屋藏嬌，得空便去幽會。誰知被政子發覺，她大發雌威，派人把那金屋連屋帶人一起都燒得精光。類似的絕招，她使過好幾次，嚇得賴朝不敢再走桃花運了。她潑辣，有決斷，有魄力。到了正治元年，四十四歲的時候她做了寡婦，以後的二十多年，日本是她的天下了。

# 北條時政的迷夢

源賴朝逝世之後，偌大一個局面，登時成爲眞空。他的長子賴家剛才十八歲，雖然很有才氣，練得一身好武功，可惜紈袴氣息太重，不足以當大事，這時襲了位，當了家督。朝廷也授以右近衛權中將的名義，總管全國地頭。他的母親政子，在喪夫之痛中，削髮爲尼，原本可以從此閉門誦經，但是兒子不懂事，並且對於政務也毫無興趣，做娘的當然不能不略微過問。她的父親北條時政，雖然已經六十多歲，但是十分健旺，二十餘年來，一直受到賴朝的信任倚重，事無大小，莫不預聞，此時，當然義不容辭，更不能不管，他們父女二人爲了擺平起見，網羅了賴朝的重要文武親信，成立了一個十二個人的團體，共輔幼主，其中包括了大江廣元，賴朝的智囊比企能員，賴家的岳丈，和專門搬弄是非，而特別受賴朝維護的救命恩人梶原景時。

賴家貪玩，結交了一群小太保，胡作非為，年紀一天天大起來，壞事做得更多，花樣也變得很新奇，他居然下令，凡是他這一群，無論犯了什麼樣的法，甚至殺人放火，都無罪，不許干預。在參河地區，有了盜賊，他命令父執安達景盛去討伐，景盛這時新由京都買來了一個小嬌娘，燕爾新婚如膠如漆，捨不得分離，偏偏賴家催得緊，君令如山，祇好硬著頭皮去了。哪知等他任務完畢，回家一看，他的愛妾已經被賴家強搶而去，做了賴家的禁臠了，他焉能不懊惱，就有那些幸災樂禍喜歡挑撥離間的人去報告賴家，賴家反而老羞成怒，叫他那群小太保糾合眾家將，浩浩蕩蕩地要去攻殺景盛，鬧得整個鎌倉翻了天，政子聽到消息，急急忙忙趕到景盛家，一面差人阻止賴家並且傳話給他說：「你若是不聽勸，就射死我好了。」賴家雖然蠻橫，究竟是親娘，不敢再為已甚，而政子為息事寧人起見，還請景盛不再計較，由景盛寫下效忠的誓書送給賴家，然後她又去教訓賴家說道：「你沒有出息，正事你不管，成天只管貪色聲之樂，對親戚都這樣無禮，這樣下去，終將闖大禍，那時悔之晚矣！」眞是知子莫如母了，眞是「終將闖大禍」，祇可惜渾人從來不知悔改。他們是親戚，安達家的小姐嫁給了北條時政的曾孫，以後我們還會提到他們。

賴家有才氣，但是氣多於才，喜歡獨斷獨行，他尤其耳朵根子軟，愛聽小話，他有個同母弟弟比他小十歲，名叫千幡，最為他父親所鍾愛，是個文弱秀俊的小娃娃，賴朝生前常常當著眾將佐，抱著小兒子來發號施令，有一次他又抱著孩子，正正經經地委託大家，以後好好看顧這小東西，那時座中一位實心人小山朝光，便牢牢記在心裡，賴朝逝世後，朝光對人表示：「主公死了，本來想削髮爲僧的，祇是因爲有了這樣囑託，所以打消了進入空門之念。」他這話恰巧被那位專會進讒的梶原景時聽見，他便大作其文章，對賴家說：「您要當心朝光！他說『忠臣不事二君』，顯然他胸懷異志，絕不會對您效忠的了！」哪知這番話又傳到了朝光耳朵裡，朝光深深自危，馬上和他幾位好友磋商對策，於是大家一致同聲，認爲應該戳穿梶原景時專門造謠離間的伎倆，就將他過去種種劣跡一齊寫了出來，由衆將佐一共六十六人共同署名上了一封陳情書，呈給了賴家，賴家接到之後，持示景時，原想給他一個辯白的機會，不料他心虛，知道犯了衆怒，這些人不會饒他，慌慌張張逃回自己的領地去，想想不對又潛回到鎌倉來，這時北條時政做主，再把他攆走，於是他便帶了一家老小往京都方面逃去，走到了駿河狐崎的地方，遇到了伏兵，一家都戰死。在六十六人的陳情書裡，有一句「養雞者不養狐」！他這老狐狸果然在狐崎喪了生，祇可憐他那倜儻英勇的兒子景季，也陪他戰死了。

據史家的推斷，事件的背後，似乎也有北條時政的陰影。毫無疑問，梶原是個挑撥離間的壞蛋，而且野心也很大，倘若他能用計將賴朝手下的幾員大將除去，再使賴家對他推心置腹地信任，那麼北條時政根本不在他眼中，隨時可以取而代之了。在北條看來，梶原也是他最大的勁敵，梶原如不除，終將會爬到頭上來，所以梶原進讒去害小山，恰好是給北條時政一個絕好的機會，對他來個致命的反擊。當然確實的證據沒有，蛛絲馬跡，可以猜得出北條在鼓動，倘若不是北條支持，怎麼能夠湊足這麼一大幫人，六十六位統軍將領聯名告狀！而尤其如果沒有預先周密的布置，以梶原一家個個是英勇善戰的武將，怎麼會一個都逃不脫狐崎的埋伏？誰能有這樣發號施令之權？誰能制得住曾在百萬軍中馳騁自如的英雄？除了北條，沒有第二個人。

梶原死後，北條的舊日袍澤之中，再沒有有野心圖謀的人物，從此康莊坦途，不會有人覬覦羡慕他的地位，一切施爲無所忌憚了。

而尤其使他能有越俎代庖的藉口是賴家根本不會管理，賴家任性胡爲，群下對他都沒有絲毫的尊敬。正治二年，陸奧國裡因爲疆界問題，發生了爭執，連老臣大江廣元都決斷不來，他特地親自畫了一張地圖，拿到賴家面前請示處理的辦法，賴家凝視著地圖，忽然提起筆來，不加詢問，便朝圖中一畫，說道：「土地有廣狹，這是命定如此，何必費事去丈量！以後凡是這類事情，都照我今天決定的辦法去辦，哪個有不服的，就不要爭！」

這就是英明一世源賴朝的嫡嗣賴家斷案的模式，他這模式當然不能使人心服，因此北條時政就不再讓他管，索性政事一把抓，由賴家和他那一幫胡鬧去，但是賴家卻也吃味，認爲外公跋扈，祖孫之間有了嫌隙。

雖然有了嫌隙，但也平平安安過了三年。在這三年裡，賴家領頭，帶著他那幫朋友大享其樂，他們新學會由宋朝傳來的一種遊戲，名叫蹴鞠，但是踢不好，於是特地由京都請來一位高手姓紀名行景，果然經他指點之後，技藝大進，因此時常舉行大比賽，競賽的時候，來看熱鬧的，萬人空巷，除了蹴鞠之外，他還喜歡狩獵，春天賞花，秋天看紅葉，成天享樂，而錦上添花的是在建仁二年，朝廷頒下官爵，賴家晉位從二位任征夷大將軍了。這眞是榮華富貴集於一身。但是樂之極矣悲將至，到了建仁三年（西曆一二〇三年）一開春，情形就不妙了，鶴岡八幡宮的巫女有神附身，說道將有大禍降臨到大將軍以及他兒子的身上，八幡宮裡養的鴿子忽然死了，三隻鴿子打架掉到地上。總而言之意外事件層出不窮，意味著本年絕不是一個平靜的年份。

忽然賴家的姨丈阿野全成叛變了，在親戚之中和賴朝有關係的，這時祇剩下阿野一個人，他的太太就是政子夫人的親妹子，北條時政的女兒，號稱阿波局，也是千幡的奶娘，因此阿野的叛變，可能和外公北條時政有關，也可能得到了政子的默許，最奇怪的是這項陰謀被偵破之後，政子極力迴護她妹妹，不准賴家動她毫髮，賴家懍於母命，祇好單把阿野殺了。這是六月裡的事，一個多月過後賴家病了，一直不見好，到了八月底更嚴重有病篤的樣子，萬一不起，誰來承繼他的職權，成了問題，時政、政子父女二人協議後，決定將他原有的職權一分爲二，日本國總守護及關東二十八州總地頭歸賴家六歲的長子「一幡」。關西三十八州總地頭歸賴家的弟弟「千幡」。他們這樣決定，是顧慮賴家的丈人比企能員在賴家死後會參加奪權，所以先來一個準備。果然比企聽到消息趕忙通知他女兒，叫她轉告賴家：「沒有徵求你的同意，就將你的大權一分爲二，將來會引起無限的紛爭，實在要不得！」賴家大怒，「這明明是外公藉機來剝奪我的權限，我偏不能讓他稱心！」於是他就請他丈人到病榻前密商，要他將時政幹掉，不料隔「紙門」有耳，被他母親政子聽得清楚，她急忙寫了個紙條，差她的侍女飛送給時政，時政剛好要出門，沒有下馬，在馬上看了紙條之後，便去找元老大江廣元，開門見山地說道：「比企能員仗著他是外戚，欺負人，現在他又乘將軍不省人事的時候，矯命圖逆，我應不應該先發制人？」廣元說：「我追隨大將軍多年，但是祇任文墨案件，從來沒有預聞過兵事，今天這件事請您自己做主吧。」時政聽罷，霍地起身出門上馬，走到半途中，對他的隨從說：「比企能員反了，快去點兵將，我們去討伐他！」隨從說：「殺個老傢伙犯不著驚師動眾，叫他來，幹掉他不就行了！」時政依計而行，比企不敢不來，就這樣很簡單地把他殺了，比企的僕人趕回家報告，比企一家人知道大事不好，連忙擁著六歲的小「一幡」，希望靠他來保全性命，誰知時政也是狠人，他懂得斬草必須除根，命令他的兒子義時去殺比企一家人，就在一把大火當中，將比企一族連房屋帶人都化為灰燼，在灰燼裡找到了一個孩子所穿長袖的錦片，證明了「一幡」祇剩下了「一片」，可憐六歲的小無辜，糊裡糊塗地喪了生。

這時賴家的病忽然大有起色，聽到了突變，大驚失色，但他那不服輸的脾氣，哪裡肯就此罷手，於是他就密令他手下人去殺時政，但是他沒有想到他雖然在名義上是征夷大將軍，卻從來沒有過實權，這時誰還會遵從他的命令，奉命人反而投到了時政方面，把他告發了。於是母親政子判他精神失常，令他削髮為僧，送他到伊豆的修禪善寺去軟禁，時政還嫌他礙事，終於在他入浴的時候，將他勒死了，年二十三歲，時為後鳥羽上皇元久元年的九月，西曆一二〇四年。

幕府的使者到京都報告賴家的死訊是九月初七的清晨，說他是初一逝世的。究竟他那時是否已死很成問題，據史家的推斷，是北條時政急於把千幡扶植起來之後，就由他來左右政局，賴家什麼時候死都不關重要了。那年千幡剛十二歲，是個文弱俊秀的書生，不會懂得爭權，因此事實上的主宰是時政了。史家並且懷疑比企能員與賴家的陰謀是否眞有其事，還是時政故意編造出來，以爲消滅比企家的藉口。

幕府使者要求朝廷改任千幡爲征夷大將軍，後鳥羽上皇不敢不依，並且賜千幡新名爲「實朝」，取他父親名字的後半，換上一個「實」字，希望他能實實在在忠心王室。

北條時政這時得意之極，十二歲的征夷大將軍實朝是他掌中的傀儡，挾天子以令諸侯的本領，他充分發揮，於是他自封了一個新名位，稱爲「執權」，他並且把實朝留住在他家裡，名爲教導，實際上是監視。他雖然是六十開外的人，但是精力過人，而且寡人有疾，寡人好色，他娶了一個妖艷的少婦，名喚「牧氏」，極攻狐媚，迷得時政昏了頭，而這位牧氏偏偏看實朝不順眼，實朝的奶娘阿波局也就是時政的女兒，政子夫人的胞妹，看到牧氏不斷欺凌虐待實朝，隱忍不住，便偷偷報告了政子，政子便把實朝接了回來，不過隨時還要他到時政家去聽候調遣。時政有兩個兒子，長子義時、次子時房，都是他元配所生，義時很早就追隨賴朝轉戰南北數立戰功，賴朝對他本來就倚重，尤其因爲他是政子夫人的胞弟，所以特別親密，賴朝逝世後，他也是顧命要員十二人之一。年齡也已不小，是四十多歲的中年，他對於這位繼母早就厭惡，尤其對他繼母所生的女兒嫁給了一個飛揚浮躁的武將平賀朝雅，十分看不起，這位平賀朝雅本姓源，和賴朝是本家，當了時政的女婿之後，驕縱萬分。賴家死後，時政把他派到京都去掌管軍事，衛戍京畿，恰巧他到任不久，平家的後裔作亂，居然被他一鼓蕩平，時政由於愛妻愛女，對於女婿也溺愛了起來，認爲他是個稀有的將才。義時心裡明白，但是他深沉不露，知道朝雅終久會闖禍。

到了元久二年，政子夫人要替實朝完婚，女家是下野的豪族足利義兼。但是實朝硬是不肯，他看中了京都貴族坊門信清的女兒，是後鳥羽上皇的親戚，政子無奈祇好依了他，派了一個年輕小夥子——北條時政女婿的兒子畠山重保去迎親。北條以前久駐京都，在六波羅有他的據點，這時由他心愛的女婿平賀朝雅居住，重保到了京都，不能不去探望長輩，朝雅也置酒款待，本來是個高高興興的歡樂聚會，但是兩杯酒下肚之後，血氣方剛的重保，聽不慣小姨父的狂吹亂道，免不了頂撞了幾句。雙方越鬧越僵幾乎動武，朝雅懷恨在心，誓除重保。

重保迎接新娘之後回到了鎌倉，滿以爲任務完畢，大功告成。哪知他那小姨父卻告了他一狀，說他有意謀反，從古到今都一樣，凡是缺乏自信心的人，就怕聽人造反，而最容易聽得進去的話，是由心愛人嘴裡說出來的。時政聽到他愛妻牧氏轉述了平賀朝雅編造出來的謊言，便不再查究，立刻召來他兩個兒子義時、時房說：重忠、重保父子謀反，命令他們去討伐，義時、時房都不肯，沒有確實的證據，怎麼可以誣人以罪，何況朝雅之言更不可信，老時政說不過兒子，一氣回到臥室裡，這時牧氏讓人傳話給義時：「你們不遵父命，是因爲我，你們的繼母，進了讒言？」義時不得已，祇好領了父命，把重保殺了，重忠大驚，他眞的不能不叛變了。他也是顧命大臣之一，以功任葛岡郡的長官，於是他領兵在武藏的鶴峰迎戰義時，接觸之後敵不過義時，終於被義時斬了。

牧氏得意非凡，她可以隨意玩弄老頭子，要他怎麼樣就怎麼樣，她的野心越發高熾了，她竟異想天開，要將她寶貝女婿平賀朝雅扶植爲將軍！平賀本姓源，有資格來承繼源家的事業，現在祇須把羸弱的小實朝，乘他到家裡來受教的時候，把他幹掉，一切便妥了。她於是甜言蜜語，很快便把老時政說動，同意她這項陰謀，至於如何進行，一切都按照她的計畫安排，不過她卻忘了另外還有一位比她更厲害的女將，政子夫人。政子對她早有防備，自從阿波局向她密報這位繼母對小實朝不斷歧視，她就感覺到後娘可能不懷好意，便派了心腹在北條府裡去臥底，因此北條府裡的一舉一動，她都清清楚楚。元久二年的閏七月，實朝輕車簡從地到了北條府，牧氏正要下手的時候，政子率領了兵將及時趕到，把實朝救出虎口，迎接到義時家裡去，埋伏府內的刀斧手紛紛放下武器，反而投往義時那邊了，老時政羞慚滿面，悔恨萬端，即時自己剃了髮，做了和尚，回到伊豆北條鎮上去了。

他一生輔佐源賴朝，建立了日本有史以來的「幕府」，賴朝逝世後，他以執權的名義主宰了全國，可惜他晚年受惑於婦人，使他不能不遁入空門，從此英名掃地。後十一年死。年六十有八。

義時承繼了他的職位，第一件事就是派人到京都去收拾他的妹婿。平賀朝雅在京都悠閒得很，鎌倉的政變他還完全不知，這天正陪後鳥羽上皇下圍棋，有人秘密報告他說出了大事，他仍然非常鎮定，不動聲色，繼續下棋，終局之後回到家中，兩名刺客來襲，都被他躲過，但他逃到伊勢松坂地方時，被人一箭射死。征夷大將軍的夢始終沒有做成。

# 北條氏的興起

元久二年的政變，老北條削髮爲僧，他的長子義時承繼了執權的名位後，作風和他的父親大不相同。首先，對他姊姊政子夫人極其恭順，唯命是聽，而尤其對小實朝也執禮謹嚴，很像尊重他是主子一樣。同時和前輩的老先生們，賴朝的舊屬幹部也相處得很好，所有的文書，不肯像他父親那樣擅斷獨行，而是常常和老謀臣大江廣元，連署頒行，以昭愼重，而更得人心的是他公布了一條命令：「凡以前蒙賴朝公頒賜之領地，若非犯有大罪，絕不沒收。」在賴家當政的時代，他動不動就奪人土地轉賜給他的朋黨，搞得有產者都惶惶不安，這道命令確是極孚人望。

義時的爲政好像仁厚，但是對於手下的武士則極其嚴酷。幕府的組織裡，有所謂的「侍所」是專管武士的，他的長官稱爲「別當」。當時身任侍所別當的是和田義盛，這一職位頗爲重要，因爲武士都是些跋扈凶猛難制的粗人，三言兩語不合，便會拔刀相向，平日裡也專門歡喜到處滋事，欺壓善良，需要一位更狠的人來壓抑他們。和田義盛出身高貴是三浦氏支系的族長，屢建戰功，雖然也屬於同一類型的人物，但是由於他經歷多，見識廣，頗能服眾。

三浦氏是關東方面舊豪族，在源平之戰中，出力最多，是勢力最大的一群，和田義盛本來就和他們有血緣關係，如果雙方聯手起來的話，隱然可以左右幕府。精明的義時對於這一形勢當然了然胸中，不能不有所戒備。總算平平安安過了七八年。到了建保元年的二月裡，西曆一二一三年，忽然發生了一件意外。

和田義盛的姪兒和田胤長參加了一項陰謀，一個名叫泉親衡的預備擁立已故賴家的私生子千壽丸爲大將軍，事洩被捕，和田家族的子弟被株連的甚眾，和田義盛的兩個兒子「義直」、「義重」也都有份，義盛爲了營救愛子胞姪，不能不出面求情，仗著他過去的勳功，希望網開一面，從輕發落。這時大將軍實朝已經聽政有年，但是一切決定仍操之於執權義時之手，實朝以和田是先人的舊屬，應該從寬處分，義時礙於實朝的情面，便將和田的兩子釋放了，但胤長是禍首之一，絕不可恕，將他發配到陸奧去，而和田仗著他家人多勢眾，居然糾合了族中子弟親戚，總共九十八人，熙熙攘攘地麕集到幕府的大門前，要求釋放胤長。但是義時卻不是示弱的人，他便當了大眾的面，把胤長由牢獄裡押了出來，再當了大眾的面，械鍊鋃鐺地解他上路。這不但將和田家的顏面掃盡，似乎有意激起老義盛的憤怒，等於公告世人，王法無法，不能以威屈，也不能以情動。不僅如此，他並且沒收了胤長的產業，按照他自己公布的律法，「非犯有大罪者不得沒收其領地。」胤長所犯是否大罪，很難判定，在老義盛看來，胤長的產業應該由族長代爲管理，哪知派人接收時，被義時趕了回來。這是逼他反了。他是源賴朝的部將，老早就對北條時政的專橫十分反感，現今還要再受他兒子的氣，更不甘心，於是他糾合了他的部屬故舊，要與義時拚個你死我活。他首先晉見了實朝，說明他這次行動完全是受不了義時旁若無人的氣焰，絕無犯上之心。實朝婉勸他不可任意動干戈，但他不能接受，其實這時他已完全布置妥當，在他叩謁實朝之前，早就和他的宗親三浦氏的族長三浦義村密議好，雙方並且歃血爲盟共同起事，不過世上往往總會有意外，此事爲三浦義村的弟弟胤義所悉，他大爲反對，認爲「清君側」的舉動幹不得，於是二人急急忙忙通知了義時，義時是個乖巧人，他也早就料到和田義盛沉不住氣必然會動武。這天是建保元年的五月初二，義時大宴賓客，聽到了和田義盛謀反的消息後，他仍然不慌不忙地下完了一盤棋，換上簇新的水干衣（白色綢褂便服），戴上烏紗帽，瀟瀟灑灑地到了幕府，然後邀了老臣大江廣元一起，共請政子夫人、實朝大將軍夫婦，暫時躲到安有賴朝遺像的法華大堂裡，他自己守候在幕府，令他長子泰時調兵遣將迎敵。

到了申刻左右（下午四時），和田的幾個兒子率領了大批兵丁掩至，包圍了幕府，和田子弟英勇異常，尤其老三義秀一馬當先，望見了義時的次子朝時，衝上前去，一刀便將朝時砍傷。和田方面的士兵看見主將立功，歡聲震天繼續挺進，一百五十餘騎由三路來犯，一路占據了南門放起火來，一路攻打大江廣元的花園，另一路逼進了義時的私邸，在岌岌可危的狀況下，老成持重的大江廣元生怕重要的帳冊被毀，冒著煙火由府裡搶了出來，而將軍實朝也連忙寫了一封祈禱文獻納到八幡宮的神座前，祇有義時十分鎮定，指揮長子泰時以及麾下兵將堅守衝要。殺到深夜，依然未被攻破，而這時下起雨來，火被撲滅，幕府方面的援軍也紛紛趕來，在鎌倉郊外一片喊殺之聲，戰況逐漸轉變，在天色大亮時，和田的一名勇將忽然被一支飛來的流矢擊中要害，登時身亡，和田軍見狀，大爲喪膽，認爲是神鏑。這時和田也有地方同志殺來，但是士氣已衰，挽回不了頹勢，反而敗退下來。到了第二天的酉刻，打了兩天一夜的和田義直早已力竭，被義時的部將殺死，義直是老義盛最寵愛的第四子，老懷痛悼，鬥志全失，不久也被斬首。他的長子義重也戰死，祇剩下英勇絕倫的義秀逃往安房。和田一族，在這一次接戰中，被梟首的共計二百三十四人。

義時滅了和田氏一族，但是對於禍首，擁戴賴家私生子爲將軍的泉親衡，倒反而沒有去窮究，任他藏匿起來，不知去向。其他與陰謀有關的人犯，也都從輕發落。顯然的，義時的本意祇在翦除和田，所謂的陰謀者，不過是託辭、是圈套，是藉題發揮、陷人於罪的勾當。義時早就清楚和田一家人，都是豪邁不羈、爽朗粗魯的武夫，絕禁不起連連刺激，小的血氣方剛，老的自恃功高，祇須給他們難堪，必然會反，自墮彀中，然後名正言順地討伐他們，一個個斬盡殺絕。和田果然中計，冤冤枉枉地背了叛徒之名，送了命。義時的長子泰時看得明白，他說：「義盛無反心，獨恨我父耳。」

在義盛死後，義時已成爲幕府中第一人，他本來已是「政所」的「別當」。現在又兼任了老義盛的遺缺「侍所」的「別當」。文武大權集於一身。自從源賴朝逝世以後，還沒有人肩任過這樣的重任，他衹在名義上不是主宰而已。

假如眞的義時是個心機叵測的人，他是用計除了和田的話，那麼實朝之死，他似乎也脫不了關係。

實朝自從哥哥賴家被廢，襲位爲大將軍時，衹得十二歲，他和賴家一樣，是個被寵壞了的大少爺，不過他的性情，和賴家完全不同，賴家橫蠻好武，實朝則柔弱好文，他在媽媽政子夫人的卵翼下，雖然也經過了很多風險，總算平安度過，十三歲時便迎娶了京都方面的一位佳麗，成爲後鳥羽上皇的連襟，他一心羡慕京中的生活，寫得一手好字，會作和歌，拜當時名士源仲章博士爲師，也踢球（蹴鞠），對大宋的文物無限憧憬，結交了一位宋朝來的佛工陳和卿，受了他的影響，想渡海而西，親自到中土遊覽，仿效中國樣式，造了一艘大樓船，衹可惜造船技術不夠，耗了很多人工竟浮不起來，衹好作罷。

鎌倉是個文化還未昇華的武夫世界，實朝在這一群武夫當中，渾身不自在，處處看不順眼，而武夫們也看他不似人君。有一次接到報告說，有僧人在山區謀反，實朝於是派了一名武將去察看，這位武將去後便把那和尚殺了，柔弱的實朝聞報，吃了一驚：「你怎麼把他殺了！」《日本外史》寫得好，這位武將瞋目曰：

彼髡反跡已明，臣所以不生致者，恐將軍聽內謁宥之也，將軍詠歌蹴鞠，廢棄武備，重婦女，輕戰士，諸沒官之邑，舉與嬖妾，故將軍之業墜矣。

這位武將罵得痛快，這句「故將軍之業墜矣」，簡直是指摘他不肖，把父親辛辛苦苦創下來的基業，敗掉了！這確是當時鎌倉方面武人對實朝的看法與評價。

在這樣一個環境裡，實朝當然不安，而況無論任何大小事，他都插不上手，名爲將軍，實際上事事都要仰義時的鼻息，使他感受到莫大的壓迫，而尤其使他抑鬱不歡的是，他琴瑟之間雖然恩愛，但十餘年來，始終沒有子嗣，他又不肯三妻四妾，另討家室，因此在傳宗接代方面，也有「故將軍之業墜矣」的感覺，唯獨有一樣，比先人強的，是他的文采。如果在宦途方面，他能得高位，獲顯爵，當然可以光耀門楣，揚名後世，毋忝所生了。因此他一心地想尊榮，他在京都方面的姻婭也能在朝廷上爲他說項。恰好後鳥羽上皇是個有野心的人，他對源氏割據一方十分痛恨，極想收復關東地方，造兵器、蓄武士，準備俟隙而動。既然實朝想做官，就不如釜底抽薪讓他當官，當得高高的，回到京都來當京官，盤踞的局面就自然解消了。義時以下幕府裡的要員也都看清了這一點，共推大江廣元進諫實朝說：「故將軍每奉朝令，都辭謝不就，先人的遺制不可不遵。」但是實朝不聽。「幕府」的存在，他並不想維持。

到了建保四年，他晉位爲權中納言、左近中將，兩年之後建保六年，升爲權大納言兼左大將，然後又晉升爲內大臣，到了十二月官拜右大臣，他這晉升速度，是有史以來所未有。

翌年，承久元年選定了正月二十七日作爲右大臣的就職大典。地點在鶴岡的八幡宮。這天本來是晴天，到了傍晚忽然飄下雪來，並且越下越大。老臣大江廣元踉踉蹌蹌地跑來求見，他說：「臣平生未嘗出淚，今無故泫然，臣危疑焉！」他說：「你應該防不測，穿起盔甲來！」實朝的師傅源仲章在旁說：「當了大將、大臣，怎麼能穿盔甲！」大江說：「既然不穿盔甲，那麼就請在天還未黑，趕快行禮。」源仲章說：「那不行，秉燭是古禮，不能破！」大江廣元祇好默然而退。到時候，實朝冠戴整齊出發，百官隨行，護衛兵丁千騎，一同前往鶴岡，義時拿著劍做先導，剛要到八幡宮，忽然黑暗中跑出一條白狗來，義時一驚頭發暈，不能支持，就將劍交給了源仲章，自己休息去了。到了八幡宮，儀仗賀賓都鵠立殿外，實朝與源仲章進宮行禮走出來，由一級級的石級緩步下來，在松枝火把照得如同白晝中，望見了由京都遠道來賀的妻兄，也在階下行列之內，正想招呼時，忽然斜地裡竄出一個人，一刀刺入實朝的心窩，倒地後，又取了他的首級，行動之快，使人措手不及，這人舉刀高呼道：「我是公曉，來報殺父之仇！」實朝連哼都沒有哼，行年才得二十八歲。源仲章也同時被殺。

公曉是賴家的次子，賴家死時，他剛四歲，奉祖母政子夫人之命，在京都大寺裡習佛爲僧，成人後又奉命回鎌倉就任鶴岡的別當，八幡宮也歸他管，所以出入自由。他殺了實朝，秩序登時大亂，這次就職大典的儀式，籌備很久，總想做得萬分華美莊嚴，鹵簿之盛一時無兩，所以雖然隆冬大雪之中，來看熱鬧的人滿坑滿谷，妨礙了交通，事發後，人聲鼎沸，東奔西走亂不堪言，執刀斧武器的衛士在黑暗中，不知出了什麼事，反而不敢妄動，使得公曉在數十級的石階上，從從容容地逃走了。

但他沒有走遠，跑到了一個熟人家，要酒要菜，挾著實朝血淋淋的頭，大吃大喝，三浦義村的兒子是他的徒弟，公曉叫了他來，讓他轉告他父親說：「這下子該輪我來當東國的大將軍了！你們去準備！」三浦義村讓他兒子回說：「好，等我派兵來接你。」他卻去通知了義時。義時得訊，立刻通令各處將他逮捕，格殺勿論。三浦義村於是派了手下五名力士去擒他。公曉等人來接，久久不至，他翻身上了高岡，直往義村家裡去，實朝的頭顱也不要了，迎面遇到了五力士，展開了格鬥，公曉當然不是對手，被砍了頭，他才得十九歲。源賴朝的子孫全死光了。

本案是否有陰謀，到現在還是謎。實朝一心要想歸順朝廷，自毀幕府的組織，當然與幕府方面的大小官員都發生了衝突，尤其地頭的創始是大江廣元的獻策，掌握了全日本的經濟命脈，不能輕易放手。而實朝執迷不悟，一味想走正途，圖顯貴，立身揚名，輔佐天子，講道義，講忠孝，所以和義時以下的武夫無法溝通意見。而義時以下的人，以利之所在，也不能讓步，祇有轉變實朝的想法，或者把他除掉。由種種跡象看來，殺實朝的主謀可能是義時，而大江廣元也預聞其事，不過大江忠厚不忍少主被弒，又不敢洩漏機密，在這緊要關頭萬分爲難時當然會泫然淚流。在就職儀式上，義時以「執權」的身分任前導，他不能辭，但他如在旁，刺客安敢下手，因此他不能不藉故離開現場，將手中劍交給了毫無武功的老學究。公曉刺殺實朝之後，大叫「來報殺父之仇」，顯然是藉口。當年賴家死時，實朝還不滿十二歲，自身尚且不保，還能扯得上派人殺自己的胞兄！公曉刺殺實朝之後，還能大吃大喝、旁若無人的樣子，必有所恃，大言不慚地要當將軍，必然早有人蠱惑了他，許以此職，所以他才敢放心等人來接。他所恃的是誰，又是誰有權有力能扶他爲將軍，祇有義時一個人。

而利用公曉去殺實朝，有一箭雙鵰之妙，殺了實朝，再名正言順地殺公曉，是制裁了弒君的逆賊，誰能說不當，從此源氏子孫已死，順理成章地成爲北條氏的天下。

實朝當天似乎也有預感，出發之前，上裝梳頭的時候，他剪下一縷頭髮送給梳頭的人，說道：「留給你做紀念。」公曉把他的頭顱扔掉之後，再也找不回來，可能被野狗吃了。下葬的時候，祇好將他留下的那縷頭髮作爲代表。

源賴朝轟轟烈烈地創下了幕府，不旋踵而亡。子子孫孫一個個都死於非命。

# 承久之亂

實朝的凶耗傳到了京都時，已經是承久元年二月二日的清晨，這青天霹靂的大消息，震撼了整個京都。後鳥羽上皇這時正在攝津的豪華離宮裡避寒，聞訊後眞是百感交集。

當時有一種流行的迷信，名為「官打」。凡是一個人，才能不足以任「官」的，忽然得到了不相稱的高位，必然會遭凶險，此之謂「官打」。實朝的情形恰好相彷，他以二十八歲的青年，既無赫赫之功，又無炫炫之才，居然躍登幾乎是位極人臣的右大臣，眞可說是極其不稱，因而遭到了橫禍，這不是「官打」，又是什麼？

雖然接二連三的高官都是由上皇頒發的詔命，但是也由於實朝自己的請求，他結婚十多年，始終沒有子嗣，自覺對不起先人，為了光宗耀祖起見，衹有在官位上求顯貴，超越父兄，才覺安心。所以如果眞的是挨了「官打」，多半也是他自找，不過上皇對他這位頗有文化氣息的連襟遭到了非命，也不勝惋惜，當時衹以為他既然有意為官，就好好滿足他的願望，讓他當個痛快，並且盼望他當了高官，慢慢的，割據的局面由他來自然化除。想不到高官竟能打人，好像是有意來陷害他的了。

實朝挨了「官打」之後，遺留下來的空缺很難塡補，源賴朝直系子孫都死光了，沒有人有資格來繼承征夷大將軍的職位，從此群龍無首。但是幕府的局勢已成，有組織有體系，也有人，政子夫人依然健在，她雖已削髮為尼，但大事仍由她處理，她的臣下個個服她，尊她為尼將軍，而她的親兄弟義時為執權，兢兢業業地發號施令，毫無破綻，政權不像會垮。

在後鳥羽上皇看來，鎌倉眞是個礙眼的存在，地頭的制度剝奪了朝廷最重要的一部分大權，尤其由鎌倉派到京都來的守護，名為護衛實是監視，以皇室之尊，居然要受到陪臣的監視，眞是奇恥大辱。實朝在世時，總算還講君臣之禮，他這一死，剩下一幫粗人，上皇都不屑與他們打交道，就是跟他們理論，也絕不講情面。而這幫粗人卻正有權有勢，將來怎麼樣去對付他們，的確大費周章了。

後鳥羽上皇是位屢經患難的人，幼年時就多災，幸而受到祖父後白河法皇以及法皇的寵姬丹後局的庇植，以皇四子的身分繼登大寶，但即位時是第一位缺少了傳國神劍的天皇。他多才多藝，幾乎無所不通，無所不曉，是位百科全書的活字典，在詩歌方面最有成就，《新古今集》這部巨著就是由他親撰完成的，他也好使刀弄劍，諸凡摔跤、游泳、馬術，他件件皆精，眞是個文武全才的能人。他早就受了鎌倉方面許多閒氣，在莊園的授與方面，處處受到地頭掣肘，屢次挨了悶棍，恨得他牙癢癢的，誓滅此獠而後快。但是滅鎌倉，卻不是一件容易事，他知道幕府之所以自形氣勢，是因爲有武力。要制伏鎌倉，當然也必須有武力，而關西方面，民風文弱，要改變關西人的氣質，必須和關東人一樣尚武不可。因此他爲了示範，便常常狩獵、馳騁，隨時都演習戰鬥，往往傷害了農作，亦在所不惜。自己親手鑄刀鑄劍，並且刻上了菊花花紋，賞賜侍從，這菊花花紋傳流至今，成爲皇室特有的紋章。除了維持他父祖的遺制，設置北面武士之外，又新添了西面武士，召募精壯的青年，成天訓練武術，眞所謂的「養兵千日」以準備「一朝之用」。他又罷黜了和幕府有密切來往的藤原兼實，收容了由鎌倉脫離的失意人士。以上種種措施，不能不算是相當英明，但可惜他忽略了當時人心的背向，而最要不得的是他帷幄不修，寡人有疾，寡人好色。

承久元年，實朝被害時，上皇已經是四十歲的中年人。他精力充沛，由於連年走順境，忘記了當年艱苦的日子，於是脾氣變得暴躁，對於屬下頤指氣使起來。尤其對鎌倉，憎惡之念更加深了。上皇有寵姬，名「伊賀局」，是以前著名的「白拍子」的舞姬，歸爲上皇的禁臠之後，賞賜多端，在「攝津」有兩處莊園賞了給她，但是這兩處莊園的地頭都不聽調度，並且態度極爲傲慢，上皇大怒，於是下令幕府立刻將這倔強的地頭撤換。那時實朝還在世，他爲人和平圓滑，上皇既有旨令，不能違背，無奈格於所頒的律令，地頭未犯有大罪者，不能免職，因此他便託故拖延，一直到他逝世，仍未遵辦。

征夷大將軍的職位虛懸後，居然有人大膽覬覦此位。阿野全成的兒子，是實朝的表弟，師法他父親的故技，在駿河地方舉兵，自稱有資格來承襲大將軍之位，不過義時不是容易被動搖的，他率軍一鼓蕩平了這野心家，亂雖敉平，問題依然存在，尤其由種種跡象看來，阿野的叛亂可能是由京都方面授意慫恿的。政子夫人為了防患於未然，很想緩和上皇對鎌倉的嫉視，她要求皇室遴派一位皇子來鎌倉，繼任征夷大將軍之位。

其實她早有此意，實朝始終無後，將來誰來承繼不能不有所打算，兩年前她乘親詣熊野神社去燒香的機會，特地繞道京都，和上皇的奶娘號稱卿二位的藤原兼子會談。卿二位在朝廷裡的影響力異常大，上皇從小由她撫養，上皇喜怒無常的性格，祇有她摸得最清楚，她知道上皇的癖好與缺點，會選擇上皇喜歡的女娃男童，滿足上皇的慾火，同時賣官鬻爵，找找一些外快，貼補上皇不時之需，上皇雖然也明知這種行為不對，但不忍過拂她所謂的好意。政子夫人偵知她的重要性，送了一份重禮，和她懇談過一次，請她說動上皇，將來承繼問題發生時，由上皇選派皇子到鎌倉來，卿二位滿口答應，她一定能做到。

但是奏請賜派皇子東來的公文上去之後，到了三月上皇遣派專使，來弔實朝之喪，並正式商討此事，順帶提出了罷免長江倉橋兩處倔強地頭的要求。義時對於後者無法遵從，是當年源賴朝定下幕府制度時，與從戰諸人共同訂立的誓約，他不敢更改，談判因而沒有結果。

義時為了迎接皇子東來，特為派了弟弟時房率領了一千精兵到京都，但是上皇堅持廢止地頭，然後才能討論皇子是否東下。雙方僵持長久之後，政子夫人祇好放棄了她原來的希望，由時房在京都另外迎接了一個兩歲的小男孩，是源賴朝妹妹的外孫女所生的，藤原兼實的後人，雖非皇族，但不失為貴冑，於是繼位為征夷大將軍，實際上仍然由政子夫人統率群倫，而由義時任執權佐理庶政。

在這次交涉中，上皇毫無所得，而鎌倉居然自己擁立了將軍，政權穩定了下來，對此上皇焉能不氣惱！這時發生了一件怪事，在小將軍到達鎌倉的翌月，承久元年的七月十三日下午，在京都任皇宮守護的源賴茂與他的家人，據說因為圖謀不軌，被人發覺之後，潛入到宮內的仁壽殿，縱火自焚而死。這源賴茂是源賴政的孫子，賴政是以前輔佐以仁王起義，在平等院兵敗自刎而死的老將，源賴茂由鎌倉派來任大內守護之職，責任重大，不可能在這時忽起貳心，因此很可能是上皇本已痛恨被人監視不得自由，現在更想要西面武士顯示本領，以源賴茂為犧牲，小試牛刀，殺了他全家老小。

上皇總以為源實朝挨了「官打」，被自己的族姪刺死後，源氏已無後人，幕府應該瓦解，王政可以復歸一統。卻大出意料，幕府的權勢絲毫未受影響，依然雄霸一方。這時由鎌倉來一家人，是義時手下的武士，他乞假到熊野神社參拜，名叫仁科盛遠，他邂逅了上皇，上皇和他傾談之下，甚為投機，見他的兩個兒子都十分英武，就留他們錄為西面武士，盛遠受寵若驚，便留在京裡不回鎌倉了。義時當然不快，就免了他的邑封，上皇知道了後命令恢復，幕府居然不理，上皇連連碰釘，氣不可遏，決意要用武力來解決幕府了。朝裡雖然有大臣諫阻，但是上皇非常堅決，他嫌他的長子土御門天皇不夠能幹，命他讓位給他的弟弟順德天皇，這時便命順德專管軍事籌備討伐幕府，皇位再傳給了順德的兒子仲恭。

西面武士的頭目藤原秀康，本來是北面武士的一員，很得上皇的信任，過去幾件大工程都由他監工建造，以功任很多地方的長官，西面武士成立時，他就任爲官長，是個極其精幹的武人。到了承久三年，上皇將所有的討幕大計都交給他籌畫進行。秀康認得由鎌倉派來京都衛戍的武士三浦胤義，他們往來密切成爲通家之好，三浦是關東大族，胤義的大兄三浦義村和源賴朝交誼極厚，是幕府的元老，但是秀康知道胤義對北條義時並無好感，因爲胤義之妻本來是源家的一個丫頭，和源賴家發生了關係，生了一個男嬰；但被義時知道之後，便將這孩子殺了，因此這丫頭恨透了義時，後來雖然嫁給了胤義爲妻，但心頭之恨永遠未消。他到了京都之後，便發誓永不再回鎌倉。有一晚秀康設了酒宴，邀請胤義和上皇見面，酒過三巡之後，秀康在席間稍微流露了一些義時跋扈不臣的情形，胤義忽然躍起，說道：「臣兄義村力能擒義時！」據《日本外史》寫道：

上皇大悅。

源賴茂死後，幕府又遴派了大江廣元的兒子親廣、義時的妻弟伊賀光季駐屯在京都。這兩人等於是鎌倉的代表也是眼線，皇室的舉動瞞不過他們，儘管機密，秀康的軍事布置，幕府還是清楚得很。承久三年五月上皇認爲時機成熟，他先發動，將朝裡的親鎌倉分子一個個拘禁起來，把幕府的兩個代表召了來，伊賀光季知道不妙，不肯來，上皇就命令秀康把他全家殺了。上皇一不作二不休，下詔給五畿七道討伐幕府了。

上皇大會眾將，問道：「究竟關東人有多少是北條義時的死黨？」投靠過來的三浦胤義說：「頂多不過千餘人！」上皇於是就請他寫信給他的大哥，讓他爲內應，答應事成之日給以重賞，找到一個神行太保，跑得很快名叫「狎松」的，差他把信送給三浦義村，義村接到狎松遞來的信之後，立刻呈獻給義時，兩人一同去晉見政子夫人，一面大索鎌倉，居然很快便將「狎松」捉到，在他身上又搜出了上皇的詔書，呼籲關東豪傑共同討幕。政子夫子於是大會諸將，垂簾諭道：「吾今日將訣於諸君也，先將軍被堅執銳，闢草萊以創大業，諸君所知也，今讒諛之徒詿誤人主，欲傾危關東之業，諸君苟不忘先將軍之恩，則協心戮力，誅除讒人，以全舊圖。即欲應詔而上者，今決之。」她這篇簡短的演辭，動人心脾，沒有一個人有異議。

開軍事會議時，很多人都以爲應該阨守險要，以逸待勞，靜等官軍來攻，唯獨老謀士大江廣元說：「不可，守險曠日，人心內變，是自敗之道，宜直進兵，攻京師，聽成敗於天耳。」政子夫人也以爲然。於是就命令義時的長子泰時爲將，率領他武藏郡的部隊出發西上，但是要聚集武藏郡的武力至少要五天，有人且認爲懸軍遠進，太過危險。祇有大江廣元堅持說：「兵貴神速，久則生變，所以就在今天夜裡，公子就應該單身揚鞭，東國兵將聞風而起，猶雲從龍矣。」政子夫人採用了老謀臣的意見，令泰時即夜啓程。

黎明泰時率領了十八騎出發，他的叔叔時房跟著帶來部將多人，然後三浦義村也趕到，他的隊伍邊走邊膨脹，三天之後，已經聚集了十萬騎，蜂擁地捲向西而去了。

義時得到大軍雲集的消息之後，就把神行太保「狎松」放了，叫他回奏上皇說：「臣無罪，被討，不敢逃避，聞陛下好戰，謹獻臣長男泰時，二男朝時以下十餘萬人，使之爲戰，陛下觀焉，不厭於心，則猶有二十萬人在，臣將自將以繼之！」

上皇還樂觀，他總以爲幕府內部會生變，「東人必有乘虛誅義時者」，他一廂情願的說法，可惜沒有能兌現。

六月朔，雙方部署都定，一接戰，官軍就敗走，上皇最信任的藤原秀康首先跑了，官軍裡雖然也還有忠勇將士，但是主帥已去，士氣當然大傷，免不了節節退守，京師震駭，上皇馬上到比叡山訪請山上幾座大寺的僧兵來助陣，但是碰了一鼻子灰，這時鎌倉方面的大軍已經迫近京都了，官軍方面衹好集中兵力守住「宇治」和「勢多」兩處要衝。官軍裡總算有員勇將山田重忠，他率領了幾千山僧守住「勢多」，居然將來犯的幕府軍擊退了。但是由泰時自己帶領的精銳，麕集到了「宇治」。「宇治」是到京都的咽喉之地，上皇以重兵扼守一條急流，有如天塹，所有的橋梁舟船全毀，但是幕府軍依然在箭雨之下，奮不顧身地涉水而過，這場硬戰裡幕府軍傷亡極重，主將泰時都幾乎爲急湍所噬，結果「宇治」還是不守，大軍這時如飛蝗一樣擁進了京都，沿途搶劫殺戮，京都在有史以來從未遭遇到這樣的浩劫。

山田重忠和三浦胤義脫圍，逃到了皇城，叩謁上皇，不料上皇竟閉門不納，重忠急了用勁敲門罵道：「儒主誤我！」的確這儒主不但自誤，並且誤了他不少忠臣，重忠敲了一陣門，還是不開，走到嵯山自殺了。

泰時在進到京都路上，遇到了上皇的侍臣，捧到御旨，泰時十分恭敬，下馬聽宣，詔書開示：「近日之事，非出朕意，皆臣僚所爲，唯汝論其罪，莫使兵士擾輦下。」上皇把責任推得乾乾淨淨。

日本沒有弒君的前例，義時當然也不敢冒大不韙，戰況初定，上皇既然說「非出朕意，皆臣僚所爲」，那就請指出哪些人是首謀者，脅從者不論，採取著寬大的處置。

三浦胤義知道逃不掉，在亂軍之中他先躲進一間小廟裡藏身，不料竟遇見了一個熟識的僧人。那僧人勸他自殺算了，他於是央求僧人在自裁之後，將他的首級送給他太太看過，再送給他哥哥，並且請傳一句話：「阿哥自剪手足，看到這個頭，該滿意了吧！」

受上皇特別青睞的北面又兼西面武士的藤原秀康，已如喪家之狗，無處藏身，雖然躲過了幾個月，終於被捕，殺了頭。

眾公卿裡，上皇所指出的六個首謀裡，有一人是坊門忠信，是實朝的妻兄，因爲親戚關係免死，此外五人都斬首。其實上皇所列舉的首謀都是替死鬼，最冤枉的是葉室光親，他曾經力諫不可用兵，等他那本諫書被發現出來之後，他早已身首異處了。

幕府對皇室的處分：

後鳥羽上皇充軍「隱岐島」。

順德上皇（後鳥羽子）充軍「佐渡島」。

土御門上皇（後鳥羽子）不知情，但自願流放到「土佐」。

雅成親王（後鳥羽子）充軍「但馬」。

賴仁親王（後鳥羽子）充軍「備前」。

剛即位（才七十餘日）爲天皇的仲恭也被廢，由幕府另立行助法親王的兒子爲天皇，是爲後堀河天皇。

承久之亂告一段落，後鳥羽上皇弄巧成拙討幕不成，反被幕討，被流放了十餘年後，卒。剛好六十歲。

# 全盛時期的北條氏

承久之亂，西曆一二二一年，是一個大時代的轉變。日本皇室經此變亂，尊嚴喪盡，三位上皇都充了軍，天皇被廢，雖然都保存了性命，但是威信、權勢，無一倖存，不僅偶像幻滅，政治的重心，最重要的實質，也被幕府取而代之，成爲日本的主宰了。從此皇室在政壇上隱退，成爲不被理睬的家族，幕府才是眞正的主角。

皇室的大軍像落花流水一樣被擊破之後，威信權勢轉到了幕府，其實在武士群的心目中，皇室早就失去了信仰，在約兩百年前的「前九年之戰」與「後三年之役」中，皇室賞罰不明，尤其刻薄寡恩，有功不酬，大失人心，徒然讓武家搶了鏡頭，這時算了總帳。幕府是武人擁護的中心，是正統。積久之後，更牢不可破，誰要反對幕府，便是叛逆，縱然是皇室想倒幕，也不例外。所以英明的天皇想要復辟，在人民的心目中，卻認爲是叛逆，稱之爲「天皇御謀叛」，這種觀念一直維持了幾個世紀，到了明治維新，才有了轉變。

在和皇室大軍接戰之前，北條義時嘴硬，說什麼「陛下既然好戰，就獻上十餘萬人讓他們去戰給您看」！但是在內心裡，怕得不得了，他並不怕上皇的兵力，而是怕會遭天譴。日本是個極敬鬼神的民族，尤其皇室，自古相傳是天神下降的後裔，不可侵犯。而北條義時公然敢於和皇室對敵，顯然是大不敬犯上犯神的行爲，是不是會爲天神所不容，因此他日夜驚懼。這時正當六月，一天忽然一個大霹靂，震垮了他家的廚房，他嚇壞了，以爲是神怒，是個凶兆，馬上去找到軍師大江廣元，問道：「吾命窮乎？」老廣元，到底不同，他博古通今，舉例來安慰他：「今事之曲直，斷在天心，公何必怖也，故將軍之捷陸奥，雷震其陣，此安知非吉兆哉！」果然這天的霹靂，並非凶兆，而是吉兆，打了一次決定性的大捷。

鬼神原不存在，如果一定認爲有，那就是在人心裡。義時似乎一天都提心吊膽，懷著鬼胎，可能是因爲和田之變，實朝之死，都和他有關！他做了昧良心的事，所以一直不安。他精於謀略，似乎也被謀略所犧牲。到了元仁元年的六月十三日，恰好是承久之亂三周年之日，他突然死了，行年六十二歲。時西曆一二二四年。

義時怎麼死的，一說是腳氣衝心，一說是爲部下謀殺，另有一說，內情複雜，但言之成理，是由他後妻伊賀氏以劇毒毒死的。

伊賀氏與義時生了很多孩子，伊賀氏最鍾愛的是老四和她的獨女，嫁給了姨母之子一條實雅爲婦。伊賀氏這時已是徐娘，早就秋扇見捐，但她不甘寂寞，尤其女兒嫁得好，女婿是故將軍源賴朝的外甥，在朝廷之中，已經位居參議，也算重臣之一，他有資格到鎌倉來，襲征夷大將軍之位，照伊賀氏的如意算盤，她的老四「政村」承繼了他父親義時的職位，爲執權，女婿當了將軍，不但親愛的母女母子都可以團聚，並且她這老太太眞不可一世，再神氣也沒有了！

她還有參謀，是她的兄弟光宗，替她出主意、拉關係，她的老四「政村」，那年舉行成人禮的時候，是由三浦義村替他加冠的，因此拜了三浦義村爲義父。有了這樣的關係，光宗便大加利用，因爲三浦是關東大族，有權有勢，與故將軍源賴朝之間，是生死之交，有他來撐腰，何患大事不成。不過天下事往往會有意外，儘管你千算萬算，總不如天算。北條義時猝死後，幕府無人主持，義時的長子泰時遠在京都衛戍，通知他來奔喪，往返路程最快也得有六天之久，在這空檔裡，伊賀氏姊弟頻頻活動，布置奪權政變。政子夫人這時雖已老邁，但仍眼觀四面耳聽八方，精明得很。她察知光宗、政村常常往三浦義村家裡跑，必然是有所圖謀，於是這位「尼將軍」便在夤夜人靜時，帶同一名侍女造訪三浦，單刀直入地問他：「這兩天來，四郎和他的舅舅連連地來找你，所談何事，是不是打算推翻泰時？」三浦慌忙說不知道，不料老太太竟沉下臉來，說道：「您瞞我，證明您也同意他們的作法。」三浦無奈祇好說了實話，說「四郎無此意，祇是他舅舅有些主張而已，如果夫人屬意泰時來承繼他父親的職位，我唯命是聽。」就這樣簡單地解決了一場陰謀。

事有湊巧，在這時，京都方面逮捕到一名重要逃犯，是參加承久之亂的首謀之一，他在各地躲藏了三年之久，終於捉到，是位極有名望的和尚，法名「尊長」，被逮後，便企圖自殺未遂，在拖出去行刑的時候，他大叫：「快點斬了我，或者讓我喝義時老婆給義時喝的毒藥！」這個和尚不是外人，是伊賀氏寶貝女婿的親哥哥，可能是預聞陰謀人之一！

伊賀氏和她的弟弟光宗還不死心，繼續蠢動煽惑群眾。政子夫人看看形勢緊急，不能不先發制人了，於是抱著六歲的將軍，到泰時的府第，集合了三浦義村以及諸官將，請元老大江廣元任裁判，將伊賀氏遣回到北條老家裡去，她的女婿一條實雅，既然是朝廷命官，讓他回京都去，專門出餿主意的舅爺光宗，則將他充軍到「信濃」去。其他黨羽一概不問。這次的騷動算是結束了。

泰時奉政子夫人之命，正式繼承了他亡父義時之後當了執權。他是壽永二年（西曆一一八三年）生，這時他已經是四十多歲的人。他從小氣度識見就與常人不同，他十八歲時，建仁元年大風暴農田受害很重又有海嘯，死了很多人，而那時將軍賴朝死了剛兩年，嗣子賴家不務正事，整日昏天黑地吃喝玩樂，泰時看不下去，偶然遇到了賴家的朋友之一中野能成，對他說：「故將軍每逢『天變』，必定不再出遊，現在有這樣大的風暴災害，玩樂似乎該有節制了，您是主上的近臣，何不去勸勸他。」這位中野果然去說了。賴家大怒，說：「他有資格來管我！他父親祖父都不敢管！」有人聽說賴家動怒，連忙去通知他，要他躲到鄉下去避避風頭，泰時並不在意，對來人說：「我是要下鄉去賑災，但絕不是避禍，我祇是發表了我的意見，並非去進諫。」幾天後，他果然去視察災情，受害的老百姓因爲交不了租，正想相率逃亡，他察知到了實情，集合了邑下的農人，當眾把他所有的債券一古腦兒都燒了，老百姓歡聲雷動，個個感激涕零。

他是長子，有八弟，都是後母伊賀氏所生，父親故世之後，析產時，他所取最少，連政子夫人都認爲過分，泰時說：「我已經當了執權，還要再貪什麼！」

嘉祿元年（西曆一二二五年），是個不祿之年，六月初十，大江廣元死了。他是平安朝時代大儒大江匡房的曾孫，不但家學淵源，自己也刻苦自勵，是位博涉多通的智囊。源賴朝起兵討「平氏」時，加入爲幕賓，成爲賴朝最得力的謀士，很多策畫都出自他手。尤其在文治元年追捕源義經時，他想出了在正式官吏之外，加派守護、地頭兩職，由幕府直接指揮，篡奪了皇室的大權，使得幕府聲勢遍於全國，奠定了幕府的基礎。源賴朝死後，他仍然輔佐賴家、實朝、義時以及泰時，成爲幕府唯一的元老，這時他以七十八歲的高齡謝世。

一個月後，政子夫人也溘然長逝，後世對她的評價甚高，《大日本史》稱她有「丈夫之風」。每臨大事她都有決斷、有擔當、有辦法，她待人以誠，因此群下也心悅誠服，確是難得的女英傑。不過她子女的命運都十分悲慘，她生有二女二男，長女大姬秀麗聰慧，五歲時許配給源義仲之子義高爲婦，義高比她大六歲，從小一起長大，青梅竹馬兩小無猜，過了幾年之後，大姬情竇初開，而義高也十分英武，兩心相投，正可結合的時候，忽然青天霹靂，大局有了突變，昔日親密的戰友頓成死敵，兩小的父親源義仲和賴朝翻了臉，作爲人質的義高成爲犧牲品，被賴朝殺了，大姬從此便如醉如癡，有時拒絕飲食，有時昏睡不起，政子夫人想盡辦法，總挽回不了這顆受了重創的心靈，她終於抑鬱而死。次女三幡體弱多病，不幸夭折。賴朝死後，政子夫人的日子更一天比一天難過。長子賴家不長進，被他外祖——政子夫人的父親所弒，次子實朝被他的姪兒刺死，也就是政子夫人的孫兒，一家人互相殘殺，使得她悲痛至極，但她都挺了過去。雖然夫家人一個都不剩，但娘家的子孫正如旭日東升，前程無量，她以六十九歲去世，雖未屆古稀之年，也可以瞑目了。

幕府的兩大支柱相繼去世之後，重任集在泰時一人之身。他並不是不勝負荷，而是謙抑爲懷，不肯大權獨攬，邀請了胞叔時房，和他共同擔任執權之職，又邀請了他的岳丈三浦義村以及其他有影響力的人，任新成立的「評定眾」！連同執權共十三人，成爲幕府的最高行政機關，制定政策，裁決訴訟，升黜人事。

泰時又將以前政子夫人由京都迎來爲將軍的孩子，這時八歲了，替他舉行了成人禮，把他的小名「三寅」改名賴經，行了大典，正式就任爲征夷大將軍，幕府算是有了主子。

他赦了三年前陰謀廢他的繼母伊賀氏，和她的一黨，而最大的政績是他完成了一項新法典，稱之爲「式目」，總共五十一條，是根據現實社會生活，以合情合理爲原則訂立的條例，成爲後世奉行的基本法典。

他承繼了義時的遺業，太太平平地統治了將近二十年，以他公正寬厚的作風，奠定了北條氏一百多年的天下。

在這太平的二十年中，遠東、近東甚至歐洲都不太平。自從本世紀一開始，一位罕見的蒙古英傑出現，他像暴風雨一樣，席捲了亞洲很多國家，他便是名垂千古的成吉思汗。北條泰時在日本任執權的時候，在隔海的大陸上正是到處刀光劍影，怒馬奔馳，殺人遍野，血流漂杵。這時大汗已老，但蒙古的鐵騎依然四出挺進，西夏亡了，高麗的王室被迫逃到江華島，金亡了，莫斯科被占領了，南俄羅斯的基輔被占領了，歐陸各國聯軍在瓦路虛打得潰不成軍，布達佩斯被占領了。可憐南宋，還未被波及，但離滅亡的命運也不太遠了。

泰時享年六十卒。《日本外史》的作者賴山陽對泰時極端讚美，尤其對於自己的骨肉十分重視，和源賴朝的手足相殘大大不同。《日本外史》寫道：

> 泰時爲人敦親族，常推叔父時房而下之。嘗在評定所，聞弟朝時第有寇，振起赴援，平盛綱曰是小事耳，公任重職何自輕也！泰時曰，兄弟有難何曰小事，以吾視之，與建保、承久二役奚擇，苟喪吾親，重職何爲！

他舉這兩件事，說明他對叔父何等禮貌，對弟兄又何等友愛！可惜他這種榜樣，並不能感化他的後人！

他死後，由二十一歲的嫡孫經時嗣爲執權（子時氏先卒）。經時很能幹通吏事，頗有祖風，但究竟年輕，火氣不免重了一些，對於那尸位素餐、比他還小四歲的將軍賴經，總看不順眼，而賴經這時也已是血氣方剛的青年才俊，又是貴冑之子，本身的官運亨通，已經晉位爲權大納言，卻要在鎌倉受制於人，當然一肚子的委屈，尤其他在京都家裡的人，時時露出驕縱的言辭，傳到經時耳朵裡，更使得雙方的感情惡化。經時身體不好，他自知難久，深怕一旦有事，自己的兒子尚幼，無法制伏有野心的將軍，於是他便強迫賴經讓職給他六歲的兒子爲將軍，他自己也將執權之位讓了給他弟弟時賴，時爲寬元四年，前三年天皇四條薨，後嵯峨繼任爲天皇（西曆一二四六年）。

將軍賴經被迫讓位，縱然他自己不表示怨望，但他的朋友僚屬總免不了氣憤。他當了二十多年的象徵領袖，雖然沒有實權，但在時間上比任何人都長，而正因爲他沒有實權，也就沒有任何恩怨，忽然被貶，引起了無限的同情。於是有人打抱不平，其中最熱心的不是別人，而是泰時的胞姪「光時」。光時的父親朝時，當年家中有寇，泰時放下公事馬上赴救，朝時感激涕零，曾經寫過一張條子，藏在家裡：「世世子孫，毋背泰時後裔。」但是時過境遷，父親的遺訓誰還理會，恰好經時辭去執權之後一個月，便因病逝世，光時見有機可乘，認爲剛就位的時賴，還不滿二十歲的小夥子，好欺侮，便想擁戴賴經復辟，自己來當執權，他暗地裡聯合了「評定眾」裡的要員和三浦家人，約期起事。但是時賴並不容易被欺侮，他聽到了風聲，便先下手將鎌倉戒嚴起來，派兵包圍了光時和賴經，簡單地將這次政變平定了下來。光時出了家，賴經被遣送回了京都。

押解賴經回京都的是三浦光村，老三浦義村的次子。賴經當了二十多年的將軍，高高在上，往日被人百般尊敬，忽然視爲犯人，但他的氣度畢竟不同，有修養、善言辭，在赴京都的路程上，三浦和他共同生活了幾天，深深受他感動，認爲賴經蒙了不白之冤，臨別的時候，三浦「嗚咽日臣必有以報君」。他回到鎌倉之後，眞的就去招兵買馬，要實行他那千金一諾。他的長兄泰村當過「差狹」的太守，在鄉曲之中，還很有力量，老父義村這時雖然已死，但他們族黨甚眾，有一呼百應之勢，三浦光村勸他大哥反，泰村不肯，但是說也奇怪，在鶴岡廟前有人貼了大字報，說「泰村將被誅」！三浦家和北條家本來是親戚，泰時的夫人就是三浦家的小姐，所以時賴常常往祖母的娘家裡去，有一次他因事住到三浦家，夜裡聽到有鎧甲的聲音，他驚道：「眞的！他們要反！」馬上他就帶了從人，連夜逃了回去。第二天他派了人去搜三浦家，果然發現了很多武器。時賴更生了戒心。忽然泰村家裡接到了一封匿名信：「你馬上要被殺，小心！」泰村說：「有人故意要害我，不去管他。」他把信毀了，就這樣接二連三地有人恐嚇泰村，但是泰村不爲所動，他叫人去跟時賴說：「現在謠言很多，關於我泰村的，我的朋友都來慰問，我已經讓他們回去了，如果是關於別人的事，需要我幫忙的，我就馬上趕來。」泰村的親妹也來勸他反，他也不聽。這時，時賴有信來，要他立刻罷兵，泰村大喜，傳令下去讓部下解除武器，他的妻室也高興得不得了，捧了飲食來，他還沒有能下嚥時，門外已經喊聲大作，是時賴的外祖安達景盛帶了大隊兵丁殺來，時賴也點起兵將隨後趕到。放起火燒三浦家，於是一場混戰，泰村大敗，逃到了幕府的聖地「賴朝影堂」裡，他的弟弟光村這時聚集了八十騎，占據了永福寺，差人請泰村去，泰村不肯，光村不得已也到了「影堂」。安達的隊伍和時賴的兵將把「影堂」團團圍住，圍得水洩不通。三浦氏宗族排排坐在賴朝畫像之前，泰村淚流滿面說道：「我四世積功於幕府，又以北條氏外戚，輔佐內外，乃不能免於禍邪？」光村更恨極，帶刀先把自己的臉割爛，然後自殺，泰村以及他的族人二百七十餘人都在堂內切腹而死。時爲寶治元年，史稱寶治之變，西曆一二四七年。

這一慘案是誰發動的，嫌疑最重的人是安達景盛，翦除了三浦之後，安達便成爲北條氏唯一的外戚了。

時賴殺了三浦一家之後，就把小將軍賴嗣廢了送還到京都，另外迎接了後嵯峨天皇的皇子宗尊親王來鎌倉爲將軍，完成了他曾祖姑政子夫人的願望。

# 元世祖忽必烈之雄圖

時賴滅了三浦一族之後，一不做二不休，又去滅了關東另一豪閥千葉。於是在關東地方祇剩下最有勢力的兩族——北條和安達了。時賴手段雖辣，但他倒是眞的勵精圖治。他恪遵了泰時所頒的「式目」，施行起來眾庶悅服。用人也不拘門第，從阡陌間提拔了一個人名叫青砥藤綱，此人雖是窮苦出身，但有大才，也好學。有一次有人和時賴的族人爭訟，所有的官吏怕時賴，都說時賴的族人對，唯獨藤綱據理力爭，將事情的曲直弄清楚了，那人非常感激他，包了一包錢，投到他後園裡去，藤綱大怒道：「主公掌管天下的公道，我祇不過是來輔佐他，哪能有什麼偏私！」他把紅包退了回去，並且把那人好好地告誡了一番。時賴很器重他，要升他的官，他無論如何不肯，時賴說：「我得一夢，夢見神來告訴我，你要求治，就去重用藤綱。」藤綱謙辭得更堅決，時賴問他：「你爲什麼這樣堅決？」他對道：「神說升藤綱的官就升。如果神說殺藤綱的頭，我不就慘了！」藤綱對地方上的行政人員考核得極嚴，最奸壞的官吏都被他舉發出來治罪。在時賴任執權的期間，確實能稱爲治世，藤綱的功勞不可沒。

時賴篤信佛，三十歲時便出了家，但出家之後並沒有出世，依然訪查民隱，紓解民困，而他自奉也極儉，一晚有客至，邀共小飲，到廚下除了一碟殘醬之外，竟找不出另外可以佐酒的食物。卒年祇得三十七歲，死前作偈：「業鏡高懸，三十七年；一搥破碎，大道坦然。」他好像預知死期。時爲西曆一二六三年。

時賴死時，他的嫡子「時宗」才不過十三歲，當時的執權是由泰時的四弟「時政」的胞姪「長時」共同擔負。翌年「長時」死。於是由時宗繼任執權。

建長四年時，由京都迎接來爲征夷大將軍的宗尊親王（後嵯峨天皇的第二皇子），這時已經是二十五歲的青年，從名家製和歌，是位文采風流人物。在他左右漸漸集合不少名士，其中最具聲望的是大僧正「良基」，道行既高，謀略也多，他看到幕府的兩執權，一老一小，老的年已耄耋，小的還不到十五六歲，似乎不費吹灰之力，便能將這多年以來桀驁不臣的毒瘤剷除了去。而事有湊巧，「時宗」的長兄「時輔」，父死後，滿以爲可以承繼爲執權，無奈是庶出，被派到京都去任守護，因此一直悶悶不樂，大僧正看清這一點，便秘密聯絡了「時輔」。約期在東西兩方面同時起事，實行政變。不料事機被洩，小時宗年紀雖小，卻極有勇斷，他以迅雷的手段逮捕了叛黨，大僧正雖然逃脫，但走到高野山中，在悔恨交集之下，絕食而亡了。大哥時輔被小弟派人殺了。將軍宗尊親王被遣送回到了京都。不過將他三歲的兒子扣留下來，當了將軍。時爲文永三年的六月。在六年前，幕府在鎌倉舉行過一次大規模的演習，由征夷大將軍親自臨台，操畢，將軍想看「小笠懸」的功夫。這是以一頂笠帽繫在繩子上，憑空吊了起來，由快馬疾馳而來的騎士回身一箭，射中懸笠的技術。當時無人敢出來應命，時賴說：「太郎能！」太郎是時宗的小名，他那時十歲，奉命縱馬飛騰而上，果然一發中的，博得全場喝采。他回身這一箭，恰好在海的那一面，忽必烈大帝在開平登基了。時賴看出他這嬌兒必成大器，但沒有能親睹他成爲卻敵的英雄。

忽必烈在蒙古帝國中，已經是第五位元首。在他即位的時候，蒙古帝國的版圖雖然已經橫跨歐亞大陸，但是南宋依然存在，蒙古滅金之後，當然更應向南發展來滅宋，而遲遲經過四十年才來南侵，是因爲滅宋並不簡單，蒙古軍隊所恃的武器，是他們的馬，馬在平原上可以馳騁千里，倏如暴風，但是在河流縱橫、城郭矗立的江南，馬並不能發揮牠的功能，因此南宋由於地利而得到了喘息，可惜南京的君臣昏庸，沒有能利用時機奮發自強。

其次宋朝究竟是個文化燦爛的中心，一向爲北方民族所仰慕仿效，尤其蒙古民族由蠻荒曠野之中崛起，突然接觸到另外一種風俗習慣，對於文化先進國，不能不有崇敬之感，而況在文化、經濟的交流上，南宋有很多與國，萬一聯合起來，其勢也不可侮。因此蒙古騎隊暫不南下，一直往西奔馳，衝到歐洲，所到之處滅了很多國家。到了一二六〇年，忽必烈和他的兄弟阿里不哥爭位，打了四年空仗，阿里不哥認輸投降後，忽必烈休息了四年才再開始圖宋。在這四年的休息之中，主要的工作是拆散南宋的與國，忽必烈的目光於是集中到了日本。

日本和中國大陸之間的交通，自從日本廢止了遣唐使以後，雖然偶爾還有些冒險的商船來往，但官式的報聘是沒有了，中原五代不安定的政局，更影響了雙方的貿易熱情，再則造船的技術不進步，對於海上季風沒有認識，使得航海成爲極危險的嘗試，結果橫斷中國海的船舶在十二世紀初期幾乎絕跡，一直到南宋時代，才開始復活了起來。那時往來的路線，是以高麗爲中繼站，雖然有周折，但是由高麗轉到日本祇須渡過對馬海峽，並且是一條風險不大的老路。不過沒有很久，高麗發生內亂，政治腐敗，勒索搶奪無所不爲，商旅爲之裹足，不能不另闢新航線。於是由當時的明州（現在的寧波）橫渡大海，一直到日本的瀨戶，第一艘宋船抵達日本時，是宋高宗紹興三年（西曆一一三三年）的八月。由這一日開始，開闢了日宋之間貿易的新紀元。日本造船的技術學習了南宋的大型樓船，改良了篷帆，不必再借槳櫓之力，而可以乘風破浪地直達中國大陸的港口。於是日宋貨物的往來，一天比一天頻繁，南宋主要的產品，綾羅錦絹、香料、竹木、書籍、陶瓷、藥材、茶葉，都是日本方面極度歡迎的稀物，尤其「茶」在中國自東晉以來，久已飲用，而日本在這時才開始懂得茶味，馬上便爲貴族士大夫僧侶所愛，成爲最被欣賞最高貴的飲料了。而日本方面輸到南宋來的產品，則爲眞珠、硫黃、水銀、螺鈿、砂金、日本的刀劍和金飾。其實日本並不產金，但由於出產的項目有限，農作物、工藝品，中國都不以爲奇，唯獨金銀製品，永遠爲大眾所歡迎，因此日本爲大陸人民所誤會，以爲扶桑三島是金銀遍地的仙境。

除了貿易而外，僧侶的往還也十分熱鬧，由日本去南宋的有「重源」、「榮西」、「俊芿」、「道元」等高僧，尤其「榮西」將臨濟禪傳到了日本，雖然在初期很被誤會，但不久便大行其道，可以說，他是日本禪宗的鼻祖，也是他極力稱道「茶」的好處，寫了一本書《吃茶養生記》，呈獻給當時三代將軍實朝。「道元」師事「榮西」，「榮西」圓寂後，他和一個小朋友名叫「加藤四郎景正」的結伴同行，也到了中國，五年之後兩個人都有了極大的成就，「道元」在天童山景德寺，很受「如淨」大師的垂青，不僅悟道，並且由「如淨」傳授了給他極珍貴的芙蓉楷祖的袈裟。而加藤也學會了做陶瓷，由這時開始日本也有了瓷器。

經過將近一百五十年文化經濟的交流接觸，日本和南宋之間，可以說十分融洽，南宋高度的文風，吸引了日本的知識階層，幕府三代將軍實朝，甚至想放棄他在鎌倉的榮華，而去建造一條大船，到文化大國的南宋去終老。說明了當時日本朝野對南宋誠摯的盛情，而最誠摯的無疑是佛門弟子。日蓮上人有意無意地寫了一篇〈立正安國論〉，預言了日本將要受到外患！而這外患，似乎是指「元寇」。

外患果然來了！高麗經過三十年的蹂躪，終於被蒙古臣服了。而高麗有了靠山之後，立刻便像得寵的小人，除了向主子獻媚之外，並且將由日本所受的委屈，加油加醬地傾洩出來。高麗的委屈是什麼？是歷年來不斷受日本海盜的侵擾，而日本當局不加制止，顯然海盜是受了庇護與慫恿。

南宋和日本密切的關係，忽必烈也早知悉，他這時正要進攻南宋，如果能利用侵擾高麗的日本海盜，去侵擾南宋，既能解決高麗的困難，同時可以使南宋不勝其煩分散他的兵力，豈不一舉兩得。於是忽必烈在發兵圍攻襄陽的時候，派了兩位使者經過高麗到日本，送達了一封國書——國書內開：

上天眷命

大蒙古國皇帝，奉書日本國王，朕惟自古小國之君，境土相接，尚務講信修睦。況我祖宗，受天明命，奄有區夏，遐方異域，畏威懷德者不可悉數，朕即位之初，高麗無辜之民久瘁鋒鏑，即以罷兵，還其疆域，反其旄倪，高麗君臣感戴來朝，義雖君臣，歡若父子，計王之君臣亦已知之。高麗朕之東藩也，日本密邇高麗，開國以來，時通中國，至於朕躬，而無一乘之使，以通和好，尚恐王國知之未審，故特遣使持書，布告朕心，冀自今以往，通問結好，以相親睦，且聖人以四海爲家，不相通好，豈一家之理哉，以至用兵，夫孰所好，王其圖之，不宣。

至元三年八月　日

在這封國書裡，很明白地是指日本自古以來就時通中國，但是一直到現在，你們還沒有與我通和好，從今以後你們必須來「通問結好，以相親睦」，意味著現在的中國是「我」了，不是「宋」，你們不要弄錯。高麗是「我」的東藩，與「我」的關係是君臣、是父子，不可以再欺負他。如果要用兵的話，我並不願意，但你們可不要逼迫我！

至元三年是個什麼樣的年頭呢？對忽必烈說來是個相當吉利之年。高麗國王「王植」連連遣使來賀、來貢，竭盡了巴結諂媚之能事，而每次來朝的臣，除了訴苦說日本種種橫蠻不講理的情形之外，也故意將富裕的日本說得更富裕。以激起忽必烈對籌集討宋軍費的慾望。這時朝貢的小國，除了高麗之外，還有百濟、安南等國了。

十年前忽必烈上過南宋大壞蛋賈似道的一個大當，蒙古大軍所向無敵，唯獨打南宋，打得十分辛苦，忽必烈的長兄蒙哥可汗（憲宗），爲了攻打釣魚山，中箭而亡（釣魚山的守將王堅，守釣魚山前後有十八年之久），那時忽必烈奉命攻黃州，黃州的最高統帥是賈似道，官居右丞相兼樞密使，封臨海郡開國公，他看到蒙古大軍壓境，便以對付金國的老方法對蒙古，他偷偷派人遞上求和的降表，由宋皇帝向蒙古稱臣，年貢銀二十萬兩，絹二十萬匹。恰好忽必烈遇到了大喪，不能不回師料理要事，於是接受了賈似道的請求而撤兵了，就在他後退之時，賈似道出其不意地掩殺過來，把蒙古殿後的軍將幾乎全部消滅。《綱鑑》裡寫道：

> 似道匿議和稱臣納幣之事，以所殺俘卒殿兵上表，「言諸路大捷，鄂圍始解，江漢肅清，宗社危而復安，實萬世無疆之休」。帝以似道有再造功，召入朝。

帝是宋理宗。

忽必烈受了騙，哪裡會肯干休，十年來耿耿於懷，誓滅南宋方消心頭之恨，但是南宋實在難纏，襄陽早已占領過，又被宋家大將孟珙奪回。南宋雖然君闇臣奸，但武將之中卻有不少忠勇傑出的硬漢，忽必烈這時又要去攻打難攻不落的襄陽，不能不使出全力來搏鬥，縱然不需要兵力供給，但是資財、軍器，是多多益善了。由於高麗、百濟、南宋等的誤傳，日本被描敘成一個金銀遍地的區域，而偏偏小器的日本，從來不見他來進貢，忽必烈的國書主要的目的，是在提醒日本，早點拿出些金砂來，表示友好。

蒙古的國書遞到了京都，日本朝廷震撼，不敢作主，轉下到幕府，由幕府決定如何處理。這時幕府在名義上由兩位執權負責，實際上只有時宗掌權，他的太叔公政村年屆八十，早已不問世事，而時宗這時十八歲，憤然地認爲蒙古的國書無禮，決定不理。二名使者枯候覆音，竟毫無消息，在日本的太宰府等了幾個月之後，衹好回去。忽必烈當然不肯就此罷休，第二年又派使者來索回信，日本照樣不理，蒙古使者無奈衹好擄了兩個老百姓去，以證明他們確實是到過日本。這樣一連幾年忽必烈對日本的「通好」交涉，始終是遭遇到「不理」的軟釘子。而對南宋襄陽之圍，已經圍了五年，毫無進展，怎麼不令忽必烈氣得爆裂！

到了至元八年（西曆一二七一年），忽必烈接納漢人劉秉忠的建議，正式改國號爲「大元」，不再自稱爲蒙古，忽必烈對日本仍然不死心，這時以大元的名義遣派了正式的使臣趙良弼。趙良弼當過陝西路宣撫使，是極有政聲的能吏，這時他率領了大小官員將佐四十餘人，以日本「國信使」的名義，經高麗到日本。

南宋的戰事越來越緊急，賈似道糊塗透頂，居然還有心情跟他群妾踞地鬥蟋蟀，他也派遣了范文虎去赴援，但每戰必敗，是個常敗將軍，襄陽的守軍越來越氣餒了。而忽必烈這一面對襄陽志在必得，攻襄陽的總帥史天澤，在襄陽的四周又起了一條長圍，斷了襄陽的糧道以及對外的交通。

經過連年的戰爭，民生凋敝，忽必烈爲了籌措戰費，也困竭得不得了，他實行了屯田計畫，在高麗也要一樣照做，軍糧的負擔十分嚴重，民食已經被搜括乾淨了，高麗全羅道的老百姓祇能吃草了。這時趙良弼到了日本。出乎他意料之外的是，日本雖然山明水秀，但是地瘠民貧，並不如傳說的那樣到處是金、到處是銀。趙良弼在太宰府駐留好幾個月，要求見日本國王、見大將軍，都被回絕了，不得已祇好回國覆命，第二年的五月，他謁見了忽必烈，將在日所聞所見詳詳細細地報告了出來，結論是日本是一個祇有「山」的野蠻島國，根本不值得去注意。但是忽必烈哪裡肯聽，對於這無禮的小國非膺懲不可，他決心用武力征伐，給日本一點顏色看看。

至元十年春正月，和襄陽相互犄角的樊城，經過五年的苦守，終於淪陷，守城的諸將個個戰到最後，光榮殉職，都統制范天順——范文虎的兒子，在城陷時仰天長嘆道：生爲宋臣，死當爲宋鬼，就在他的衙門裡自縊而死。襄陽的守將呂文煥看到樊城不守，屢次請援也無下文，這時忽必烈下了召降書：

爾等據守孤城，於今五年，宣力爾主，固其宜也，然勢窮援絕，其如數萬生靈何！

呂文煥無可奈何，祇得痛哭出降，這是元世祖至元十年的二月（西曆一二七三年）。樊襄兩城失守，東南半壁江山就算完了。

至元十一年也是日本後宇多天皇文永十一年，忽必烈動員伐日本了。由三月裡就準備起，在高麗仿照南宋渡海的樓船，以便載運軍兵糧草，不料高麗的造船技術不夠水準，仿照不成，祇好仍舊採用高麗的舊式船艦連夜趕造，六月裡不幸高麗王王植薨，在元大都爲質的世子「諶」，趕回來奔喪，舉行了喪葬大典，不好在這時期出兵，因此拖延了幾個月，本來預定在六月裡出發的，到十月初三才由高麗的金州解纜東航。

元軍一萬五千人乘了九百多條船，舳艫相接地穿過對馬海峽，到了日本。初七雙方開始接戰，元軍所用的兵器比日軍好，戰術也新：

| | |
|---|---|
| 元軍使用的弓箭射程達二二〇公尺 | 日軍射程一〇〇公尺 |
| 元軍使用震天雷，一種開花砲彈 | 日軍從未見過 |
| 元軍使用鑼鼓爲進退號令 | 日軍從未用過，馬匹也不習慣，往往聞聲驚跳 |
| 元軍習於團隊作戰 | 日軍仍然保持單騎搦戰，來將通名的老法 |

在這樣的對比下，日軍節節敗退。但是到了十月二十日的夜裡，忽然起了大風，風勢越來越大，霎時間白浪洶湧，把元軍的船隻吹上岸來，擱淺的擱淺，撞散的撞散，在怒號的狂飆裡，像千軍萬馬殺奔而來，漆黑的深夜不辨東西，到處是水、是浪、是雨，人在水裡掙扎，溺死的不計其數，元軍被颱風打得七零八落，在高麗建造的船隻，技術不夠，施工草率，禁不起衝擊，一個個打破變成片片的散板，逐浪而逝。元、高麗聯合大軍一萬五千餘人全被巨波狂浪所噬，大風過後，未溺死的殘兵也如醉如癡，一個個被日本武士殺了頭。

經過了七年，在這七年之中，襄陽的守將呂文煥降元之後，范天順的父親范文虎也投降了，忽必烈利用了南宋的降將繼續進逼，在丁家州一仗，荒唐顢頇的賈似道大敗，然後首都臨安陷落，四歲的皇帝被虜，忠臣一個個自殺殉國，厓山之戰陸秀夫背著八歲的帝昺蹈海而死，南宋轟轟烈烈地亡了。剩下一個文天祥，身已被虜，但還沒有被斬首。

忽必烈滅了南宋，躊躇滿志，遺憾的是日本依然不朝不貢，並且瘋狂得像野蠻民族一樣，將派去文謅謅的使臣，兩次都殺了頭。

忽必烈再也忍不住了，至元十七年九月由南宋的降將裡選出了范文虎，率領十一萬南宋降兵，由江南出發，另一支隊伍由蒙古人、色目人、高麗人組成的混合兵團四萬，由蒙古大將阿剌罕任主帥，從高麗出發。這兩路軍約定在壹岐島會師，然後在日本本土登陸。

忽必烈部署已定之後，訓誡諸將：「取人家國，欲得百姓土地，若盡殺百姓，徒得地，何用？又有一事朕實憂之，恐卿輩不和耳，假若彼國人至，與卿輩有所議，當同心協謀，如出一口，答之。」但是他告誡的話，並沒有發生作用。

這次的準備相當周密，行動卻很緩，顯然的江南軍和東路軍的配合不好，互不協調。江南軍集結在定海，船隻三千五百餘艘之多，一小部分是新造的大艦，其餘的是徵用來的商船，原訂六月在壹岐島會師的，到了六月十八日才開始由定海啓碇。東路軍也誤期，出發時主帥忽然病倒，不能不臨時換將，到了六月二十六日才遴選了阿塔海來代替。所用的船隻，仍然是由高麗建造的船艇。

六月底江南軍的主力到達了日本的平戶島，東路軍的一部已先到，雙方會師，就在壹岐島和日軍有了接觸。《日本外史》寫道：

虜列大艦，鐵鎖聯之，彀弩其上，我兵不得近。

證明了「虜」的戰術還是高明，「虜」是指元兵。日軍雖勇，結果祇有敗退，但是在這種情況下，元軍忽然停頓了下來，先在平戶島附近海面上往來遊弋，然後麕集到了鷹島，好像要轉往博多灣登陸，卻又趦趄不前，就這樣白白耗費了一整月的大好時光，轉瞬到了閏七月初一，前一天起了風，入夜大了起來，於是歷史重演，元軍全軍覆沒，《日本外史》興奮地寫道：

閏月大風雷，虜艦敗壞，我等因奮擊，鏖虜兵，伏屍蔽海，海可步而行，虜兵十萬，脱歸者才三人。

這一段說得過火，歸還的絕不止三人，所有的高級將領都沒有死，范文虎坐乘的大型樓船，回到了高麗。《元史》輕描淡寫地提到：

詔征日本軍，回所在，官爲給糧，忻都洪茶丘、范文虎、李庭、金方慶諸軍船爲風濤所激，大失利，餘軍回至高麗境，十存一二。

在列傳裡記得比較詳細：

八月諸將未見敵，喪全師以還，乃言至日本，欲攻太宰府，暴風破舟，猶欲議戰，萬户厲德彪，招討王國佐，水手總管陸文政等，不聽節制，輒逃去。

足見得除了颱風而外，還有別的原因，忽必烈所顧慮的將帥不和是退兵的主要原因。至於十萬大軍的下落，據一名敗卒「于閶」的報告說：

七月至平壺島，移王龍山，八月一日（應該是閏七月初一）風破舟，五日文虎等諸將各自擇堅好船乘之，棄士卒十餘萬於山下……七日日本人來戰……九日至八角島盡殺蒙古高麗漢人，新附軍不殺。

新附軍是宋人，日宋的友誼尚在，這十餘萬人之中新附軍最多，他們既然可以留在日本，也就不必回到大元的治下去做亡國奴。

至元二十二年，忽必烈準備第三次伐日本，老臣王磐冒死苦諫，忽必烈才打消了征日之意。兩次神風保護了日本，使得時宗猖狂自大，這時他已經是二十九歲的青年，他這不顧死活、冒險犯難的作風，成爲日本武士的典型，蠻幹以後必有神助，是他們的信念，而這就是他們所謂的「元寇」給他們的啓示。

# 北條氏的衰亡

年少氣盛的北條時宗，雖然蠻幹，但是心地善良，對於敵我的分際，認識得清楚嚴正，是有原則的人，比起他後世子孫，專講利害得失要高明得多了。

他對於南宋的文化，一向有好感，尤其他篤信佛，對南宋來的高僧蘭溪道隆十分尊敬，道隆是西蜀涪江人，三十三歲就到了日本。南宋在那時還很太平，理宗即位了二十多年，雖然蒙古已經滅了西夏，滅了金，但是對於南宋，還沒有露出太難看的猙獰面目，而宋自從高宗南渡後，在臨安建都，享有了兩百多年的苟安局面，除了少數的愛國之士外，一般人都沉醉在燈紅酒綠的境遇之中，以爲長江天塹，蒙古的鐵騎，在遼遠的北地，不會出現在眼前的。

道隆到了日本「博多」之後，馬上受到歡迎，先在京都各寺院裡講道，爲北條時賴所聞，便迎接他到鎌倉的壽福寺來掛錫，時賴對他極其禮遇，尊他爲師，時賴死後，時宗不但未改他父親對道隆的崇敬，並且更加尊重，爲他建了禪興寺和建長寺，請他開山。

到了弘安二年，南宋終於轟轟烈烈地亡了。時宗風聞到忽必烈歧視南宋人，稱他們爲「南人」，把他們列爲最下等的人種，在蒙古、色目、漢人之下，受盡折磨與虐待。時宗十分抱不平，他於是派遣了幾個得力的幹員，喬裝改扮到中國江南一帶，訪求落難的高僧，居然讓他找到了一位德高望重的禪師——無學上人，祖元。

祖元是明州慶元府人（浙江奉化）。父名伯濟，母陳氏。祖元十三歲喪父，家貧，到杭州淨慈寺裡爲僧，從北磵簡禪師修業，得度，取號無學，五年後跟無準和尚參學，再到靈隱寺、育王山等地去參禪，然後在台州的眞如寺落腳，這時南宋的形勢已經岌岌可危，蒙古大軍迫近台州，眞如寺的大眾四散逃避，祖元不得已祇好南下到了溫州的能仁寺，第二年，元兵又趕到，能仁寺裡人又紛紛走脫，祖元知道此時已無處可逃，他便端坐在寺內不動，決心殉難了。元兵果然蜂擁而來，爲首的將佐看他獨坐殿上，就拔出佩劍，架在他頸上，他神色自若大喝道：

乾坤無地卓孤節，喜得人空法亦空；珍重大元三尺劍，電光影裡斬春風！

他這首偈，原是由一首古偈化出來的，原文是：

四大元無主，五蘊本來空；提頭臨白刃，猶似斬春風。

是獎勵學道人，要心無罣礙，置死生於度外，雖臨白刃，而無動於衷，但是眞能做到這樣胸懷的，是要有超人的修養了！元兵當時雖未必聽得懂他說的是什麼，但為他的勇氣所懾，悄悄走了。

弘安二年，無學祖元應時宗之聘，六月裡到了日本，他遲來了一步，蘭溪道隆在前一年的夏天以六十六歲的高齡圓寂。

和祖元幾乎同時到達日本的，是大元的使臣杜世忠，他奉命來說服日本，和前幾次的使臣一樣，要求謁見日本的元首或掌權的大臣，但是杜世忠的情形，和以前的幾位使臣不同，日本這時已經吃過大元的苦頭，假若不是大風暴將蒙古的艦隊衝垮，可能早已一敗塗地。大元是日本眞眞實實的敵人，「敵國降伏」的祈禱，在各寺院中都在舉行，全國惶惶不可終日。時宗發了蠻勁，他令人把杜世忠一行人押解到「龍口」，一個個都斬了首。可憐杜世忠被殺時祇得三十四歲，他雖然為國犧牲，青史上卻沒有留名，祇剩下一首七絕：

出門妻子贈寒衣，問我西行何日歸；來時倘佩黃金印，莫效下機見蘇秦。

他還做夢，以為使命完成之後，還能像蘇秦一樣身佩黃金印呢！

時宗不顧一切，他明知忽必烈的厲害，但是絕不肯背棄他心目中的文化盟國南宋。他運氣好，弘安之役，大元全軍覆沒，又一次大風救了日本。時宗狠狠地出了氣，他把范文虎棄而不顧的袍澤伙伴擄了來，凡是北方來的蒙古、色目，以及曾經在金、夏治下生長的漢人，都砍了頭，現在平壺（戶）島上荒塚壘壘，據稱有數萬之眾，就是這批可憐蟲，對於南宋的俘虜，他知道是被迫作戰的，另眼看待，沒有加以殺戮，他們的子孫如今是日本人了。

元兵雖然覆沒，但，是否就此罷休，很難測知，日本全國震撼，戰戰兢兢不遑寧處，負防禦責任的時宗，發動了他的族人，到濱海各地建築各種工事，以準備忽必烈第三次的進攻，至今悠閒的觀光客，還可以在博多灣憑弔人堆的石壘，蜿蜒在漫長的海岸線。

祖元到達日本之後，先在蘭溪道隆的建長寺住持，元兵退後，時宗為了表示尊重祖元起見，特地又在鎌倉新建了一座寺院，取名圓覺寺，由祖元開山，並敕贈佛光國師的尊號，備極榮寵。祖元雖然在日本受到殊遇，但是心懷祖國，他獻香徐福祠前的一首詩：

先生採藥未曾回，故國山河幾度埃；今日一香聊遠寄，老僧亦為避秦來！

手無縛雞之力的善良中國文人，不斷地要避秦，避秦避到海外了。

時宗拜祖元為師，和他父親時賴一樣，專心學禪，「禪」成為日本武士最崇高的自修功課，是由時宗父子開始的。

時宗可能也是個有心機的人，他大膽干預了皇室的糾紛，後來終於釀成了所謂的南北朝之爭。

號稱萬世一系的日本皇室，在承繼上，以往雖然發生過爭執，甚至於引起過大規模的戰禍，但是做臣下的，從來沒有敢預聞過，到了文永九年（西曆一二七二年），後嵯峨上皇以五十三歲駕崩。

這一年是個多事之秋，大元使臣趙良弼到了太宰府，強橫地要見天皇。時宗的庶出長兄時輔興兵作亂，時宗不得不自殘手足。在這鬧哄哄的內憂外患之中，這位負了三十年國家元首重擔的後嵯峨，祇留下了一封意向曖昧的遺詔，溘然長逝了。

遺詔的內容很簡單：「政務悉由治天下者定之。」這「治天下者」是誰？是指已經當過天皇的後深草上皇呢，還是在位的龜山天皇，再或是當權的鎌倉幕府呢？

龜山天皇是他最寵愛的兒子，前一年生了個兒子，已經立爲皇太子。

不過後嵯峨是鎌倉幕府扶植起來的天皇，回溯到五十年前承久之亂，祖父後鳥羽天皇、叔父順德天皇都被謫流放，唯獨父親土御門天皇當年沒有參加討幕行動，得免捲入在內，而自己後來由於北條泰時的推戴，在仁治三年入繼大統，恰好是三十年前事，因此後嵯峨爲了表示尊重對幕府的厚意，「治天下者」可能是指幕府。

遺詔發布之後，舉朝惶惑，莫知所措。幕府於是派人到京都，請教後嵯峨的皇后——後深草和龜山的母親，問她知道不知道後嵯峨所謂的治天下者究竟是指誰，她回說是指龜山天皇。於是二十四歲的龜山繼位爲上皇，執掌院政，八歲的皇太子爲天皇，是爲後宇多天皇。

冷落了的後深草，心灰意懶，他看破紅塵，把一切榮銜都辭退了之後，遁入空門做了和尙，那是文永十年（元軍來犯的前一年）。時宗對於後深草的遭遇十分同情，他於是想出一個妥協方案，由後深草的皇子伏見來承繼八歲的後宇多爲皇太子，以後兩方的子孫互相交替爲帝。他這方案，皇室不得不從，後深草雖然感激涕零，但是龜山方面不免耿耿於懷了。

這可能是時宗的策略，自從承久之亂以後，「討幕」的暗影一直存在，不過後嵯峨爲人謹愼，在他三十年執掌院政期間，大小事都聽由幕府決定處理，容忍禮讓達於極致，因此雙方相處得相當圓滿。但是這樣的美好關係，是否能永續，也很難逆料，一旦皇室力量增強，自然不會准許在國內另有一個發號施令的機構，早晚會再起「討幕」之念的。因此皇室在蕭牆之內自起紛爭摩擦，是幕府求之不得的最佳情形。不過交互爲帝的制度，勢難行得通，時宗的策略，在他死後不久，便顯出破綻了。

時宗終於積勞成疾，出了家，法名「道崇」，不久病歿。時爲弘安七年，距離大元來犯之時已經三年了，在他病革時還以國防爲念，派了他的族人北條兼時去守「播磨」。他寫得一手工整的楷書，中文的文理也通順，確是一個文武兼資的全才，英年早逝，死時祇得三十四歲。

他死後，北條氏的運氣漸漸衰敗，終於滅亡了。

他請來的南宋高僧無學祖元，在他去世後兩年圓寂，元世祖忽必烈十年後以七十歲的高齡薨。中國與日本之間的恩恩怨怨告了段落。

時宗逝世後，他的兒子貞時繼爲執權。貞時才十四歲，他的母親是安達家的小姐。安達家和北條家已經是幾代的姻親，老安達景盛是時賴的外祖，用計剷除了競爭者三浦一族之後，關東地區祇剩下了安達和北條兩大家了。這時老安達的孫子安達泰盛又是貞時的外祖，他的子弟在文永、弘安兩戰役中，都立了軍功，因此更加跋扈，他兒子宗景尤其狂妄，狂妄到忘了本姓，硬說他的曾祖是初代征夷大將軍源賴朝的兒子，他是源家的後代，不能姓安達而改姓源了。他這無聊的狂舉，恰好被他的政敵平賴綱所利用，賴綱見貞時說：「宗景改姓源，是預備要了你的命之後，自己當將軍了，後下手的遭殃！」貞時被他嚇壞，立刻發兵，出其不意地把安達家滿門斬殺。惡有惡報，《日本外史》寫道：

人以爲三浦氏之報也。

進讒言的平賴綱同樣也遭到了惡報，他殺了安達一族之後，意氣飛揚，執掌了幕府的實權，欺負貞時年輕，容易玩弄矇混，居然想要篡位了，他溺愛他的次子，想把他立爲將軍，殺了貞時自己當執權。他這一計畫爲他長子宗綱所悉，不由得醋勁大發，於是跑到貞時前，一五一十地把父親告發了。

這時鎌倉忽然發生大地震，家屋廟宇倒塌的不計其數，到處起火，號哭喊叫之聲響徹雲霄，死者超過兩萬人。驚慌稍微定了之後，貞時自己率領了心腹武士，在四月朦朧初曉的時分，殺奔到了平賴綱家，放火去殺他的全家，賴綱和他的次子雖然也拔刀抵抗，但寡不敵眾全部戰死，平家祇剩宗綱一個，爲了避免被人指摘他出賣父親，故意也判了他充軍之罪，不久放還，當了高官。

不但在鎌倉不斷騷動，在日本全國也都動盪不安，暴戾之氣到處彌漫，正慶三年，忽然在京都發生了一件怪事，三月初九的夜裡，三四個大漢騎著馬闖進了皇宮，站在女官部的門前大喊：

——皇上睡在哪裡？

——睡在清涼殿裡，女官答道。

——清涼殿在哪裡？女官於是指了一個相反的方向，同時趕緊偷偷通知天皇、皇后，天皇穿了女裝躲進廁所，皇太子也由人抱走。

這幾個大漢身穿朱紅織錦袍，戴著紅邊鐵盔，燈光下宛如幾尊赤鬼，闖進闖出大鬧皇宮，宮女四處逃竄，尖叫急喊，更使得場面天翻地覆，好不容易禁衛軍趕來圍剿，這三個赤鬼被迫，爲首的一個是父親，登上御榻切腹自殺了，長子在紫宸殿上自盡，最小的一個用手捧著流出來的肚腸走到御膳桌前死了。

這三個赤鬼，查出來是淺原八郎父子，似乎是跟龜山上皇有點瓜葛。

龜山自從幕府實行兩統迭立的制度之後，時露不滿，自此免不了有了嫌疑。

同時在幕府方面，忽然又將征夷大將軍惟康親王廢了，請了後深草的第二皇子（伏見天皇的弟弟）久明親王去當將軍，這件事也傷了龜山的心，他終於到南禪寺禪林院裡出了家。

不僅在皇室之內充滿了不安與怨懟，全國各地都不斷地有惡黨橫行，莊園滿布的區域，大地主、大寺院、貴族，以至於皇室，爲了維護他們的財產，組織了武裝衛士，應徵而來的人，大多數是些地痞流氓，本來就無惡不作，現在有了主子、有了靠山，更膽大妄爲了，於是形成了無數小集團的武裝強盜，隨時隨地見財起意殺人越貨。幕府弄到後來不勝其煩，祇好放任不管了。

其實幕府的內部也一樣亂，貞時的堂兄弟們爲了爭權奪利，殺了很多人，就這樣二十多年轉眼過了，到了應長元年貞時死了（四十一歲）。在他逝世前，皇室也有了變動，後伏見天皇讓位給龜山系所謂的「大覺寺」統的後二條爲天皇。征夷大將軍久明親王被廢，由他的兒子守邦繼位。「將軍」早已不值錢，這時更是被人呼來喝去，成爲玩弄膩了的舊傀儡。

貞時死後，九歲的兒子高時繼位執權，根據泰時所遺留下來的制度，幕府的行政是由兩位執權同掌，與高時同時任執權的是宗宣，高時的叔曾祖，不久故世，然後由他的兩位叔祖繼位，不幸都在兩三年後病歿，到他十四歲時便大權獨攬了。日本所有的歷史記載對於這位敗家子，都沒有好評，認爲他資質愚蠢，愚而好自用，不但不理政事，並且有很多不良嗜好，而用人方面也無選擇，賄賂公行，眾叛親離。

# 後醍醐天皇討幕的成敗

兩統交替爲帝的皇室，在幕府監視之下，由後宇多傳給了堂兄伏見，再由其子後伏見傳給了堂兄後二條，由後二條又傳給了花園，再由花園傳給了後醍醐，列表如圖：

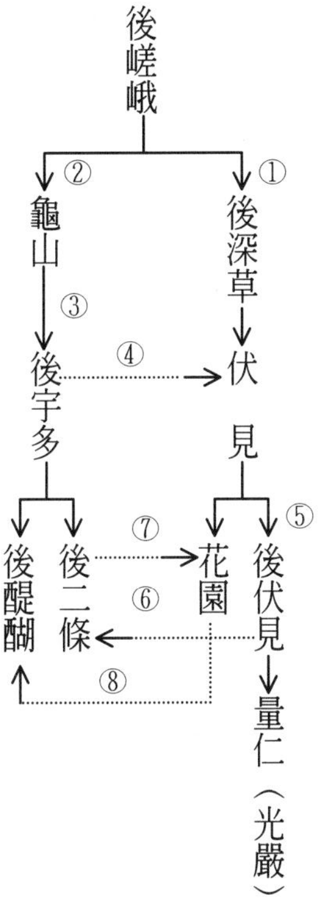

經過了幾乎半個世紀，終於出現了一位不甘受擺布的天皇。後醍醐登上寶座時，已經是三十一歲的青年，那時，皇室的子孫大都齠齡即位，不永壽而夭，唯獨後醍醐在而立之年爲帝，可稱稀有的異數。他即位三年以後，父親後宇多上皇薨，實行了二百五十餘年的「院政」自行解消了。大權落在他手中，成爲天皇親政的局面。名爲親政，而實際受制於幕府，遇事掣肘，他焉能不想擺脫這可怕的羈絆，而幕府正由一個昏庸愚頑的小渾人當政，民心已失，似乎曙光已顯，復辟有望，後醍醐於是著手布置他討幕的步驟，爲了收復人心，他延攬人才，廣結善緣，親身參加那時盛行的「無禮講」的活動，是一班學者僧侶閒人，受了南宋理學的影響，講理論道，而不拘禮節，放浪形骸達於極端，來參加的人可以衣冠不整，裸裎露體，由於天皇的提倡，一般人更趨之若鶩，儼然形成擁護皇室的群眾班底。其中主要人物是大納言藤原資朝、右少辨藤原俊基二人，他們在說理論道之餘，便鼓動討幕。雖然這也是秘密結社，但是人多了，自然洩漏，被駐屯在「六波羅」的幕府監察人員所悉，把二人逮捕，總算對天皇客氣，由天皇出具保單後，把俊基放了，大納言藤原資朝還是充了軍。幕府這時已經有了廢立的念頭了。

北條高時十四歲繼承了他父親貞時，當了執權，是個不懂事的紈袴公子，除了吃喝玩樂之外，一無所長，也一概不聞不問，輔佐他的是兩位老臣，倒也安然無事，幾年之後，老臣凋謝，由老臣的兒子接替，情形就大變了，其中長崎高資是個跋扈多慾的貪鄙小人，祇認得錢，於是賞罰黜陟失了法度，賄賂公行。元亨二年終於發生了叛亂。陸奥的大族安藤，一家之中叔姪互爭地產而涉訟，告到了幕府，雙方都花了大錢賄賂高資，高資樂得收下，卻不替他們解決紛爭，兩造大怒，聯合起來，舉兵反了。這是一百六十餘年來北條氏掌政，第一次臣下因不服而發生的叛亂。從此幕府的威信，在老百姓眼裡，便打了很大的折扣。

而高時本人又貪玩，好酒色，喜田樂，養了很多歌女樂師。有一天看見兩頭惡犬打架，互相咬得鮮血淋漓，他看得過癮，於是下令要屬下進貢惡狗，於是大小狠巴巴的猛犬都齊集到府裡來，他無法豢養，就分配給他的將校飼餵，幾乎每家都有一兩條惡犬，時時刻刻咆哮不停，他每天都在醉鄉，沉醉之後便獨自歌舞，到了他二十九歲時，出了家，把執權之位讓給了他遠房叔叔金澤貞顯，自己去當了逍遙自在的酒肉和尚。

高時出家的原因，是有他的煩惱，最使他不安的是他的伙伴高資，高資雖是他的屬下，但騎在他頭上，時常對他管束，使得他非常不耐，就冒冒失失地密令一個親從去刺殺高資，又被高資發覺，把那親從充了軍。

他和皇室之間也處不好，各地的反叛越來越多，派人去圍剿，都無功而返。難解決的麻煩事太多，他懶得管，索性讓了位，但是位雖然讓了，最後的責任還是要他來負。

兩統交替爲帝的制度，雖然行之有年，但是雙方心裡都不舒服，尤其龜山系統認爲先帝的遺詔是暗示由他們來承繼皇位。後醍醐即位之後，就想立自己的長子爲皇太子，高時不答應，到了嘉曆元年，當時的皇太子邦良親王死了，後醍醐又想改立自己的第三皇子護良爲太子，又遭高時否決，反立了後伏見天皇的兒子量仁親王爲皇太子，這使得後醍醐極端憤怒，一個陪臣再三干涉皇室的廢立，實在忍無可忍。他於是命護良去聯合京都附近各廟宇的僧侶，他們都有武力，由他們來擁戴護良當山門座主，再密請有法力的高僧「圖觀」作法，咒詛北條氏，要他們自行毀滅。可惜「圖觀」的法力不夠，反而被幕府方面的人發覺，捉去，嚴鞫之下，全都招了出來，幕府方面怎麼肯不顯點顏色出來，高時大會諸將問計，高資說：「簡單！皇上、親王充軍。公卿與本案有關的，殺頭！」高時都依了他。

於是高時就派了大將二階堂貞藤率領了三千鐵騎，馳赴京都，深夜到達了「六波羅」，與幕府的駐軍會合，準備休息一晚後去捉拿天皇。天皇已先得到消息，與皇子護良計議，連夜乘了轎子，躲到奈良，命大納言藤原師賢穿起天皇的袞袍，裝作天皇，到比叡山裡去。山裡的幾座大廟宇聽說皇上駕臨，高興得不得了，武裝了的僧兵和護良親王率領去的兵丁，合起來也有萬把人，部署在山衢要路，防止幕府軍來犯。果然，幕府軍到宮裡搜索了一番之後，聽說天皇上了山，連忙趕來圍攻，卻被山僧擊退，山僧之中免不了也死了很多人。不久和尚發現天皇是假的，大譁，誰還肯替假皇帝去死呢，一下全都散了。

後醍醐這時在奈良的笠置山，憂心忡忡，不知如何是好，他下詔「四方赴難」，幾天之後竟毫無反應，簡直坐臥不寧，一晚做夢，夢見他回到宮中的紫宸殿南大樹底下有個空位，忽見來了兩個小兒眼淚汪汪地說：「天下無地容陛下，獨有此座而已。」他一驚而醒，想來想去，這夢一定有所啓示，南邊大樹，是不是有人姓楠能保駕麼？他於是把山僧請來，問：

「地方豪傑，豈有姓楠者乎?」「楠」是個僻姓，天皇也不過是姑且問問，居然回說有，「在金剛山之西，有楠正成者焉!」天皇大喜，馬上差人請他來，他來了之後，後醍醐鄭重地說道：「討賊之事，朕一以託汝。」讓他坐，問計。正成是個武士出身，平定過土匪，以功當了一名小官，這時他惶恐感激，對道：「關東方面的傢伙，都是有勇無謀，如果死拚的話，全國的兵都打不過他們武藏、相模兩處的人，所以祇能以智取，鬥智的話『則臣有策焉』，不過勝敗不一定，不能聞敗就灰心，陛下!祇要我正成沒有死，就絕不放棄討賊。」話說完後便拜辭而去，這是元弘元年的八月。到了九月，楠正成果然不負所託，舉兵討賊，幕府為之震驚!

幕府發覺天皇在笠置山，於是派了大將足利高氏會同了北條貞直等六十三將佐，率領了武藏、相模等地方十餘萬大軍西上，還沒有到笠置山，天皇已經跑了。這時楠正成已經占據一個小城，名叫赤坂，城牆才剛剛完成，由附近農家屯進了一些糧草，兵祇得五百人。

幕府軍找不到天皇，疑心天皇到了赤坂，於是轉攻赤坂，遠遠望見這所小城，幕府軍的將領都哈哈大笑，認為不堪一擊，不料楠正成眞能「以智取勝」，幾次接觸都被他殺得片甲不留，幕府軍祇好採用持久戰來圍困他，正成看看城中祇餘五日糧不能久守，便在城中掘了一個墳，立了碑，假裝自己已死，乘風雨喬裝脫圍而走，幕府軍攻陷了赤坂城，以為正成眞死，便引軍東歸。

後醍醐終於被捉到，他倔強到底，不肯交出神器，也不肯落髮為僧，幕府雖然不敢公然冒大不韙，但是還是把他廢了，立了量仁親王為天皇，到了第二年的二月，把他流放到隱岐，一個異常寒冷的荒島上去，總算客氣，准許妃嬪裡的藤原氏隨從，在流放往隱岐的路途上，都有人劫駕，但是護衛兵有三千之眾，幾次都沒有劫成功。有一次在一棵白櫻樹上發現幾個字，衛兵看不懂請天皇去看，上面寫道：

天莫捨勾踐，時非無范蠡

天皇看了大慰，知道人心思漢，「勤王」大有人在。果然，從楠正成起兵討幕之後，接踵而起的，不僅在日本的關西方面，連鎌倉鄰近地區都有豪強蠢蠢欲動了。

後醍醐在隱岐島上被困了將近一年。在這一年當中，幕府將天皇的兩位皇子也都流放了，一位到土佐，一位到讚岐，把天皇兩位親信大臣也都殺了，滿以為這高壓手段，可以將討幕的氣焰一鼓蕩滅，不料反而激起了普遍的勤王情緒。在皇室，有個漏網之魚，那就是後醍醐最寵愛、官居兵部卿的第三皇子護良親王，他逃到了吉野，立刻舉兵。幾乎在同一時期，楠正成又在千早城出現了。

楠正成很快規復了赤坂，他的老據點，然後又攻克了近畿好幾個小城，手下兵將已經有兩千多人了。幕府大驚，急忙令駐屯在京都附近「六波羅」的軍隊進剿，卻又中了楠正成誘兵之計，在渡部川大敗，於是又派一員猛將宇都宮公綱去，楠正成卻不跟他接戰，宇都宮來攻他就退，到了夜裡四面點起火把，做夜襲狀，使得宇都宮的兵丁接連幾晚都不能闔眼，禁不起連續的緊張生活，祇好退走了。

他於是占領了天王寺，寺裡珍藏著聖德太子遺留下來的讖書，說是極其靈驗，正成請老和尚取了出來看看，是用漢文寫的，原文很長，其中一段，文曰：「當人皇九十五代，天下一亂，而主不安，此時東魚來呑四海，日沒西天三百七十日，西鳥來食東魚，海內歸一……」楠正成指著讖文：「九十五代不就是『今上』麼！東魚是指幕府，終歸爲西鳥所吃，一定會族滅，日沒西天三百七十日，明顯的天皇要受難，明春一定復辟了！」他的手下兵將鼓舞了起來，勝利在望了。

這時幕府得到一連串的壞消息，動員了所有的兵力去對付各地的勤王隊伍，在吉野的護良親王，已經又說動了播磨地方的大族赤松則村，在播磨起義，但是最強勁的一股，無疑的是楠正成在京都近畿神出鬼沒的部隊。楠正成聽到幕府大發兵，他有了準備，他發現金剛山的千窟城，地勢十分奇特，挾山帶壑，周圍雖然祇有一里，但高度倒有數百仞，最妙的其中有五條泉水，縱然在乾旱的季節也都有水，他於是將主力集中到金剛山。

幕府軍像移山倒海一樣席捲了吉野、赤坂兩處的勤王軍之後，來攻金剛山，除了由關東調來的大軍之外，西南地區奉到幕府方面的檄令而來的兵馬也會合在一起，號稱八十萬來圍攻正成，正成手下雖然祇有千餘人，但是他防守得法，堅守了好幾個月，幕府始終奈何他不得，反而折損了很多兵卒。

在隱岐，看守人之中有個名喚義綱的，風聞到勤王軍到處蜂起，楠正成在金剛山的義兵抗拒百萬大軍，預料到北條氏的末日快到了，他暗暗勸後醍醐逃走，以免遭了老羞成怒的北條高時的毒手，天皇於是帶了隨從，找到了一艘小漁船，躲進漁撈艙裡，騙開檢查哨，居然逃出了虎口，到達了彼岸的名和港。

名和是個望族，一百多年前，承久之亂時，名和的祖先在官軍裡作過戰，被幕府打敗之後，家財都被沒收，子孫隱居鄉間已經有好幾代，這時名和家有兄弟四人，都有武功懂武器，他們正家居宴客，忽然，落難的天皇出現在他們席前，使得他們全家驚喜激動，雖然明知道天皇是一名逃犯，四兄弟拍了胸膛，一致誓死效命保駕。他們立刻行動，附近有座山，名「船上」山，易守而難攻，他們便據山為寨，擁了天皇上山，用五顏六色的錦帛，製成左近各豪族的旗幟，百餘面遍插在山頭，然後一把火將自己的莊宅燒了。

島上人發覺天皇失蹤，第二天找到名和，看到山上旗幟分明，知道是反了，於是牽領了三千之眾來攻，名和兄弟躲在森林裡，射出如蝗似的飛箭，來追的人衹好退卻，追兵知道大勢已去，三千人之中倒有八百騎投降了過來，餘眾看樣子不對，便一鬨而散，衹剩下孤零零的頭子逃走了。

天皇大喜，封名和的大哥長高為左門尉，並且賜改名字為長年，諸弟也都封了官，這時幫忙天皇逃跑的義綱，也率領了一千多人來會，遠近的豪族聞風響應，聲勢陡然壯大起來。

幕府攻金剛山，幾個月都打不下來。高時衹好調遣足利高氏和名越高家兩支最精銳的部隊去助攻。兵力約有一萬人，浩浩蕩蕩向前進發，不料名越在中途遇伏，被殺。足利高氏看看形勢不妙，他突然改換旗幟，變成官軍，不去攻金剛山，反而去攻京都了。他這一變，使得幕府軍喪了膽，於是兵敗如山倒，衛戍京都、駐屯在「六波羅」的幕府軍出降，兩員統帥逃往近江，自殺而死。

聽到這信息之後，圍困金剛山的幕府軍紛紛潰散。

高時對於戰局的突轉還蒙在鼓裡，等探子回來報告說：「名越將軍陣亡，足利將軍反了。」才大爲慌張，正想要派人赴援扭轉頹勢，忽然又得到消息說是新田義貞在「生品明神」起兵，向鎌倉進攻來了！這新田，原是幕府低級幹部，足利高氏一族人，奉命參加圍金剛山，稱病還鄉，這時他聚集了一百五十多騎舉旗勤王，他走進「武藏國」，到了「小手指河原」，一路上參加到他隊伍來的人，宛如滾雪球，等到幕府派來討伐他的時候，已經號稱有二十萬人了，於是分三路進犯鎌倉，衝破了所有防線，北條家族拚死防守，無效，高時自殺，追隨他殉難的有八百七十多人，北條氏執掌大權一百二十餘年，皇室屢次想翦除他，這次算是成功，北條氏雖亡，卻形成了群豪爭奪的場面。此時是元弘三年春，西曆一三三三年。

「六波羅」收復之後，通京都的路途洞開，天皇要回鑾，先起了一個掛，卜到了《易經》裡的「師之蒙」，文曰：「大君有命，開國承家，小人勿用。」是個大吉之卦。於是就啓程進發。到得播磨，又得捷報，北條高時一族全都自殺，自從源賴朝創立幕府，剝奪了皇室統治之權後，這個惡瘤的存在，困擾著歷代君主日夕不安，尤其承久之亂後，天皇比階下囚好不了許多，這時才算吐了一口氣。到了「兵庫」，楠正成率領了七千騎來接駕。天皇看見他，十分激動，「全虧你忠戰之功！」於是由正成先導進入京都，首先廢了幕府所擁立的「光嚴帝」，然後大索北條氏的餘黨，北條最後的據點太宰府不久也收復了。

# 南北朝抗爭的開始

元弘三年（西曆一三三三年），後醍醐天皇像凱旋的大將軍一樣，前簇後擁地堂堂回鑾京都了。但是他畢竟和凱旋的大將不同，勝仗不是他打的，祇不過他撿到了個現成，無功可言。在他頭腦裡並沒有如何收拾瘡痍、休養生息的打算，滿以為幕府被消滅了，舊秩序恢復，所謂的「王政復古」立刻實現，又可從從容容地過那唯我獨尊、萬人景仰的逍遙生活了。不過這是夢想，事實上擺在眼前的是雄赳赳的武將，一個個氣焰萬丈，等候封賞。雖然其中多數是見風轉舵的投機分子，但是如果沒有他們，北條氏怎麼能夠這樣輕易地崩潰，這仗還有得打，並且勝敗之數，尚在未定之天，凱旋談何容易，因此這批降將是關鍵人物，論功行賞，最高，應該是他們，而「功第一」無疑的是降將中的翹楚，足利高氏了。

足利是二百餘年前源義家之後，源義家在征伐蝦夷的兩次戰役之中，都立過殊勳，死前留下一張遺言，寫道：

七代之後，我子孫必有出任天下之政者。

他七代孫「家時」，那時已經因爲累代在「下野」的足利郡足利庄食邑，取姓爲足利，看到祖先的遺書，總是悒悒不歡，因爲他始終沒沒無聞，自慚庸愚，愧對他那赫赫有名的祖先，因而自殺，他自殺前，也寫了一祈禱文，文曰：

至懇八幡大神見憐，余自愧無狀，今特縮短生命，以求三代以後之子孫，有能完成我祖父之夙願者。

「家時」便是高氏的祖父，恰好是三代，後醍醐天皇對高氏特別垂青，賜改了他的名字「高氏」爲「尊氏」，「尊」是取自天皇自己的名字「尊治」，以示優渥，眞是寵信之隆一時無兩了。

其實論復辟之功，除了楠正成而外，應該輪到皇子護良親王，才稱允當。在天皇蒙塵的當時，親王和楠正成配合得密切無間，到處散布流言，組織地下活動，爲了增長聲勢，親王自願爲僧，以聯絡各大寺院的僧兵，雖然屢次爲幕府所察覺，更加以逮捕，都被他逃脫，最危險的一次是當楠正成失守赤坂城時，親王也在陣中，於是落荒而走，隻身逃到了奈良的般若寺，不幸又被人發現，報告給幕府的駐兵，立刻般若寺被包圍得水洩不通，親王想除了自殺而外，已別無他法，正想尋地自裁時，走到藏經樓裡，看見有三口大櫃，其中之一是開了蓋的，他便躲了進去，把經頂在頭上，拔出短劍，萬一被發現，他就飲劍而亡。追兵搜來了，看見大櫃，那兩口關了的可能有問題，便去搜看卻一無所見，於是又走到別處搜尋，親王這時自覺不妥，便走進了已經搜查過的櫃裡去，一會搜查人果然回來搜那口開了蓋的經櫃，也毫無所得，放聲大笑而去！

雖然他屢次都能大難不死，最後仍然逃不過奸人的讒言。鎌倉底定之後，他發覺征夷大將軍的職位虛懸，有人覬覦，他密奏父皇，毛遂自薦，當了將軍。他是想這樣便可以斷了野心家的念頭，以免有人去師法百餘年前的源賴朝的故技。他是防足利尊氏，他覺得尊氏是個貌似恭順而內藏奸詐的危險人物，他勸過天皇乘他羽翼未豐的時候，及早翦除，但是天皇不肯。

他對足利防範，足利焉有不知之理，於是雙方結下了誓不兩立的深仇。護良自恃他與天皇是父子骨肉之親，又是復辟的功臣，誰還能動他毫髮，縱然得罪了尊氏，料想尊氏也奈何他不得。但是天下事偏偏有意外，尊氏卻有一位極有力量的與黨，那就是天皇的寵姬藤原氏，藤原氏跟隨天皇一同逃過難，在隱岐一同吃過苦，算得上是同命鴛鴦，她與天皇生了好幾位皇子，在她想如果護良繼位為天皇，她的兒子便沒有份，因此在她心眼裡，護良最好是去當和尙作爲寺院的總住持，她慫恿天皇去勸護良，而護良早有警戒，婉拒了天皇的建議，天皇雖然明白護良的用意，但是藤原氏卻認爲護良是謀登大寶。於是看護良如眼中釘。尊氏設法結交了她之後，兩人便不斷地進讒，毀謗護良，而枕邊人的哭訴最有奇效，天皇對於這位恩重如山的愛子，居然起了疑，建武元年（西曆一三三四年）的十月二十二日，尊氏拿了僞證，說是大將軍謀反，就在當夜，天皇派兵把護良押了起來，罪名是叛逆。

根據《日本外史》，護良被囚之後，託所識的宮女上書給天皇，原文眞是一字一淚，文曰：

……復生者數，焦思運籌，遂得底誅夷之績，而不圖獲罪於此，仰將訴天，日月弗照不孝之子，俯將哭地，山川弗載無禮之臣，父子義絕，乾坤共棄，臣不敢復有望於世也，倘宥死刑，削籍歸佛，臣終身毋悔，抑申生死，而晉國亂，扶蘇刑，而秦世傾，聖明盍延古以鑒今……

他這封信根本沒有遞到，被藤原氏呑沒了。

半個多月後，又由宮裡把他送入虎口，押到鎌倉足利直義處，由他監管，直義是尊氏的胞弟，等於准許尊氏隨時處決這位金枝玉葉的親王。

尊氏意氣飛揚，他最忌憚的勁敵，現在在他掌握之中，從此他有完成祖上夙望的可能。

而事有湊巧，北條高時的次子時行尚在人間，高時兵敗自殺時，他才得幾歲，在荒亂中，被家人救出，躲到信濃，隱姓埋名，暫時混過幾年，但是因爲他是北條家僅餘的嫡子，不論是仇家、是舊部，都在到處搜尋他，等到大局稍微穩定之後，北條的舊部死灰復燃，於是簇擁了他，聚集了五萬人，想乘虛而入，來攻鎌倉了。守鎌倉的足利直義聞風而逃，在逃走之前，他命人把囚在東光寺土牢裡的護良親王殺了，親王死時祇得二十八歲，可憐他赤膽忠心輔佐父皇奪回了江山，反被父皇出賣，身首異處死於土牢之中。

鎌倉被北條時行占據之後，京都震恐，出兵討伐叛亂，天皇不得不仰仗尊氏，尊氏於是乘機拿起喬來，果然如以前護良親王所料，他要求征夷大將軍的名義出征，一改他以前恭順聽命的態度，天皇這才恍然覺悟到護良親王確有遠見，尊氏是個極難駕馭的不羈之徒，此時悔之已晚，而大錯已成，更錯的是他沒有劉邦的豁達，也沒有張良的智謀，征夷大將軍的空名他硬是不肯頒，祇准尊氏以征東將軍的旗號討賊，尊氏悻悻而行，心中反意已決，建武二年的八月初二領兵東征，勢如破竹，八月十九日他已經克服了鎌倉，北條的殘眾紛紛潰散。他大功告成後，本來應該班師還朝報捷，他卻趦趄不前，一方面爲酬勞有功的部屬，另一方面他自知功高震主，忌他的人會來暗算。於是他便自封爲征夷大將軍，管領東國。這等於反了，天皇一時無計可施，祇有靜待觀變。

從上野起義東歸的武將新田義貞，自從還都以後，很受寵信，出入宮禁，成爲御前近臣，他色膽包天，在宮中居然勾引近侍，爲天皇所發覺，天皇並未加罪，反而成全了他，將近侍賞賜了給他為妻，這一殊恩引起了無數人的嫉視，最恨他的就是他的故主足利尊氏。

尊氏占領鎌倉之後，論功行賞，獎勵出力的士卒，首先將新田在關東的土地財產沒收，分給了他人，新田聞訊大怒，他即刻上書數尊氏八大罪，然後請纓討賊。天皇覽奏十分欣慰，這時熟悉關東地區形勢的武將，也衹有新田一人，於是決意討伐，到十一月下詔任中務卿尊良親王為上將軍，新田義貞為大將軍領兵出征，另外檄令駐屯在東北邊界州地區的北畠顯家襲擊鎌倉。

官軍的部署雖然周密，但是雙方的士氣卻有懸殊，尊氏對於袍澤一向寬厚愛護，他所收容的武士大都是些冒險犯難的亡命之徒，僥倖得勝，便能飛黃騰達，獲得封侯之賞，因此個個奮勇。而天皇這面，過去賞罰不當已是有目共睹，誰還肯賣死力！在接戰初期雙方互有勝負，但是官軍裡逃兵越來越多，新田不得不退卻，尊氏的大軍進迫京都，守軍經過十天的廝殺，防線被衝破，尊氏進入到京都，後醍醐天皇不得已又逃往比叡山裡去，投靠寺院的僧兵了，時為建武三年的正月十一日。

正緊急時，忽然一支勤王軍隊勇不可當，把尊氏的兵將殺得大敗，為首的一名小將躍馬持刀，是奧州的太守北畠顯家，奉旨由遠遠的東北趕來赴援的，顯家是北畠親房的長子，十六歲就被任命為太守，他父親官大納言，是後醍醐天皇皇子世良親王的師傅，世良親王不幸夭亡，親房痛悼之餘削髮為僧，後醍醐天皇復辟之後勸之還俗，並且晉位為從一位的大納言，鎌倉克服之後，東北地區需人鎮守，天皇特地起用了他的兒子，是個英俊老成智勇雙全的小夥子。這時他來救駕，會合了新田、楠正成的軍隊，在圓城寺夾擊尊氏，打了一次漂亮的大勝仗。不過尊氏的兵多，有幾十萬人，而官軍方面兵不滿十萬，楠正成又以智取勝，解了京都之圍，尊氏狼狽得不敢東退鎌倉，祇好向南奔筑紫。天皇還幸京都之後，便擢升顯家爲權中納言、陸奧大介兼鎮守府將軍，統領陸奧、出馬、常陸、下野等地區，建武三年二月裡他離開了京都回任，他回去不到四個月，尊氏又領了大軍由九州進犯京都了。

尊氏退往九州的途中，喜出望外地得到了廢帝「光嚴」的旨令，從此他便不是叛軍，而是另一位天皇的部屬，名正言順地招募軍兵，正正式式地飛檄討伐新田義貞，要清君側了。

新田誤了大事，當尊氏敗走的時候，楠正成勸新田應該乘勝追擊，但是新田捨不得離開他亂離後重聚的嬌妻，遷延了三個月都沒有動，失了戎機。在這三個月當中，尊氏重整軍旅，擊破了菊池武敏之後，揮兵北上，新田義貞這時剛駐屯到「兵庫」（今神戶附近），聞訊大驚，飛書告急，朝廷震動。京都的兵本來就不多，而一部分已經由新田率領而去，後醍醐天皇不諳軍事，下令楠正成去馳援，正成奏道：「尊氏率領了新募的兵將，又連連得勝，其鋒甚銳，我方以疲憊之眾去格鬥，必敗無疑。所以不如請陛下再幸比叡山裡去，召還新田，讓賊眾占據京都，我就回河內，斷絕賊兵的糧道，這樣『賊兵日散，我兵日聚，夾而攻之，可一戰而破也』，總之最重要的是在求勝！」他這番意見，諸公卿都認爲有理，唯獨參議藤原清忠說不可，他說賊雖眾盛，但王師有天助！於是後醍醐依了這位相信天助的腐儒，命令楠正成去前線援助新田，楠拜辭天皇之後，對他十一歲的兒子正行說道：「你雖然年輕，但是也已經過了十歲，好好記著我今天的話，這次的戰役，繫天下之安危，恐怕我再看不到你，倘若我戰死，那必然是足利氏的天下，你千萬不能降敵，族裡祇要還有活著的，你就帶領他們到金剛山去抵抗，以身殉國，有死無他。」說罷，解下天皇所賜給他的寶刀，交給了正行，正行要跟他同去，他把正行趕了回去。

正成到了兵庫，與新田會合，兩人相互訣別，喝了一夜酒，第二天接戰，新田率三萬人抵擋尊氏的水軍，而由正成去對付尊氏的弟弟直義所領的陸軍，陸軍號稱五十萬，而正成祇有兵七百人，很快就被包圍，正成和他的弟弟正季拚命死戰，幾次衝到直義馬前，都被人救去，正成兄弟還剩七十三騎，本可以突圍而走，但正成根本不想活，兄弟二人進到一間老百姓家裡，他解開甲冑，身上創傷累累，問正季道：「你死後怎麼樣？」正季回答道：「我願七生人間以殺國賊！」正成欣然叫道：「對！」於是兩人相向坐，取出利刃，對刺而死。

新田義貞也大敗，三萬騎剩了殘兵六千，回到了京都，王師終於沒有得到天助！天皇祇有再逃到比叡山裡去。六月，尊氏又進入京都，他於是派兵分路進攻比叡山，不過比叡山卻是座易守難攻的所在，奇峰險澗接踵皆是，屢次進犯不但未能得手，反而損折了很多兵將，尊氏便不擇手段，使用詐降的方法，誆後醍醐天皇自投羅網，後醍醐也不是眞的糊塗，既然有一線言和的希望，當然要試一試。新田聞訊大驚，如果天皇眞的到了尊氏營裡，那以往的辛苦，不但等於白幹，並且他們這一批忠心耿耿的人，都成爲叛黨了，於是群列階前，希望天皇重加考慮。但是後醍醐很堅決，不過他也顧慮到尊氏的談和是騙局，因此他囑咐恆良皇太子以及尊良親王，都依附新田到北部「越前」地方去，另闢新據點，雙方灑淚而別。

尊氏的「和談」，果然是計，光嚴帝厭倦塵世，讓皇位於胞弟，稱爲光明天皇，但來的目的，在器而不在人，後醍醐及他的隨從到京都之後，便成俘虜，尊氏將後醍醐關在花山院，要求他把神器交出來，後醍醐頑強拒絕。

尊氏的胞弟足利直義也是狠心人，天皇的隨從，凡是倔強的，都被他殺了，留下了一位和順的文人三條景繁，景繁心細，他察看環境，發現有逃脫的可能，經過詳細的策畫，於是在十二月隆冬之夜，請天皇換上女裝，跨過一道頹牆，扶天皇上馬，自己背著神器，兩人就在伸手不辨五指的暗黑中，逃出魔掌，拂曉時兩人已經到達「穴生」，由忠貞的僧侶護送到吉野山裡。

楠正成死後，他的兒子正行聞訊大慟，就要拔出他父親留給他的寶刀自刎，被他母親看見奪了下來說：「你怎麼這麼糊塗，父親叫你回來，難道是要你回家來自殺的！是要你討國賊，報父讎！」正行恍然大悟，這時聽到天皇駕臨吉野，趕了去接，天皇大喜，立刻任他爲檢非違使、左衛門尉，並兼河內的太守，吉野、河內、紀伊等地方的武士都前來集合，官軍又有了局面，就在吉野建了行宮，號令四方了。

後醍醐天皇在吉野建立據點之後，聲勢復振，歷史上稱之爲南朝，以別於在京都的北朝。老臣北畠親房建議今後在偏安之局的狀況下，規復之策，唯有穩固據點，再去四處放起野火，使得尊氏疲於奔命，不得安寧，然後俟機直搗巢穴，後醍醐依了他計畫，派遣了他所有的皇子封爲大將軍，分頭到各處發動，號召討伐尊氏。

建武四年新田義貞扈送恆良皇太子和尊良親王，千辛萬苦地穿過尊氏的領域，好不容易到了越前的金崎城，這金崎城是個天險之區，東、北、西三面都是臨海的峭壁，南面可以與杣山城互爲犄角，再遠一點還可以與越後、上野聯絡，同時北畠親房的兒子顯家奉到旨令，由奧州出兵，旗開得勝，近迫鎌倉了。在這樣有利的形勢下，吉野的小朝廷充滿了樂觀與夢想，以爲收復京都是極有希望了。

除了吉野之外，北畠親房還經營了另一處據點——伊勢，是神宮所在地，他耗了兩年的時間聯絡了當地的豪族，使他們傾心內向，奉文采翩翩的宗良親王，讓他在伊勢生了根。

不過春天一過，形勢又逆轉，金崎城雖然難攻不落，但是城小無糧，禁不起長期圍困，杣山的援軍又不來，新田義貞、義助兄弟衹好突圍到杣山去請救兵，可憐杣山也衹有兵五百人，並且甲馬都不全，逡巡了兩旬，無計可施，金崎城裡衹好殺馬充饑，馬都吃光，終於陷落，尊良親王自殺，恆良皇太子被俘，押到京都。

新田義貞在杣山招兵買馬，到了夏天有了轉機，義貞的次子德壽在上野，聽到北畠顯家領兵西上，於是也聚集了兵丁響應，顯家所向無敵，克服了鎌倉，應該繞道來與新田會師，卻一路南下直趨奈良，這時已經是雨雪霏霏的冬天了。

北畠顯家可能是自信太強而貪功，也可能根本不願和新田合作，他竟單獨冒險前進，第二年五月進入奈良後，卻在石津吃了大敗仗，傷重而死，死時僅得二十一歲。閏七月，新田義貞擊破了尊氏的部將足利高經，正想再追蹤時，爲流矢所傷，自殺而亡。他美麗的嬌妻正在尋找他，走到途中聽到噩耗大慟，削髮爲尼了。

北畠顯家戰死後，他原來的據點不能放棄，他老父親房便請纓前去接替，後醍醐命義良親王隨同前去，並且任命顯家的弟弟顯信補鎮守府的將軍，由海路轉赴陸奧，船行了十天之後遇見了颱風，老親房所乘之船僥倖未大破，被風吹到常陸，唯獨他達成了志願。

後醍醐天皇子女很多，長子護良受冤最慘，已如前述，三子宗良很早就入空門，當了天台座主，元弘元年北條高時派兵犯闕的時候，他指揮僧兵作戰，也極爲英勇，後醍醐復辟後又回任天台座主，是位很有修養的文士。四子恆良立爲皇太子，在金崎城被俘，押解到京都，爲了迴護新田義貞的安全，假說新田已陣亡，使得尊氏兄弟空歡喜了一場，及至尊氏後來發覺是受騙，怒極就將他鴆死。次子尊良在金崎城陷落時自殺。五子義良在奉命與北畠親房同赴東國，遇到颱風船隻大破，吹回到吉野附近，不得已折返。六子懷良最小，和幾位兄長一樣都拜命爲大將軍。

接二連三的敗報，使得後醍醐心灰意懶，皇太子恆良親王已經殉國，此時幸而義良海難歸東，總算後繼有人，到了延元四年秋，後醍醐生了病，延到八月十五日，他自知不起，將皇位讓給了義良親王，翌日他便溘然長逝了，行年五十有二，他在位二十餘年，幾乎每年都在戰鬥中，篤信佛，死的時候右手撫劍，左手持一部《法華經》，是一位悲劇人物。最不該是聽信了讒言，摧殘了自己的親骨肉，不但自壞長城，也留下了千古罵名。

# 南北朝的抗爭

後醍醐天皇經過二十年的戰鬥掙扎，終於以五十二歲，遺恨綿綿地薨於吉野了。因爲他蒙塵在吉野，而他的堂房姪兒量仁親王，已先爲北條幕府，後又爲足利尊氏擁立爲光嚴天皇，因此史家稱他爲南朝，以別於光嚴的北朝。

光嚴本來被指定爲後醍醐的皇太子、繼承人。不過後醍醐從來沒有同意，若依北條幕府兩統交替爲帝的約定，早在元弘元年，後醍醐當滿十年天皇，就該禪位給光嚴才是，但是後醍醐硬是不肯，並且進行了討幕的計畫，不幸被發覺，反爲北條所廢，擁立了光嚴爲帝。雖然由於後醍醐頑抗，沒有交出天皇應有的信物——神器，但是也依據了故事，由前任天皇花園上皇頒發了即位詔書，所以也不能不認爲是名實俱副的天皇。

三年之後，北條兵敗，後醍醐復辟，光嚴雖然不論在輩份上或在年齡上，都是後生子姪，但是一時無法處置，祇好以太上皇的名義，投之閒散。不料時來運轉，又過了三年，足利尊氏由九州復起，他爲了避免有叛將之名，不得不藉皇室來號召，於是暗通光嚴，並且建議光嚴，以太上皇詔命，立同胞弟豐仁親王爲天皇，同時恢復施行院政，這時光嚴是二十二歲的青年。北朝的基礎從此建立。

後醍醐天皇有一封遺詔：「朕憾不滅國賊，平天下，雖埋骨於此，魂魄常望北闕，後人其體朕志，竭力討賊，否者，非吾子孫，非吾臣屬。」他那不平之氣躍然紙上，但誰來繼承他的遺志去討賊呢？他死後，吉野的南朝臣民失去重心，個個都想跑，散了算了！雖然後醍醐指定了義良親王爲天皇，但是十二歲的孩子能成事麼？幸而這時有位和尚「宗信」，沉得住氣，力勸不能散，大家勉強留下。

楠正行駐屯在大和，聞訊率領了兩千人來護駕，人心這才安定了下來，於是取出神器來，拜祭之後，算是正式即位，十二歲的義良親王，後來稱爲後村上天皇。

在這大勢已去的情況下，除了楠氏兄弟忠心耿耿地衛護南朝皇室之外，祇有老臣北畠親房了。是他出的主義，勸後醍醐派遣所有的皇子分頭到各路去勤王，等於到處去放火，使得尊氏疲於奔命，當他的英勇兒子北畠顯家不幸在石津濱戰死後，他就陪伴著義良親王，打算由海路同往陸奧，企圖加強在東國的據點，不幸遇到了颱風破舟，義良親王不得已折回吉野，他自己則被飄流到了常陸，離他的目的地已不太遠，他於是遊說當地豪梁勤王，幾年之後也頗有收穫，可惜好運不繼，還是被尊氏的部下所攻破，親房祇好回到吉野，去輔佐小天皇，他爲了教育小天皇，並且不要使得小天皇氣餒，他寫了兩本著作，一本名《神皇正統記》，專論政治上的得失，以及再三辨正南朝才是正統，應該恢復先帝的鴻業，他引經據典言之成理。另外一本書名《職原抄》，是指如何去登庸新進，選拔人才。當兵馬倥傯之間，他居然能寫這樣的巨著，確是難能可貴。

足利尊氏自從他的冤家對頭新田義貞，在暮靄細雨當中，中了冷箭，落馬自殺而亡後，氣焰萬丈，他所擁立的光明天皇，爲迎合他的歡心，正式任命他爲征夷大將軍，滿足了他長年以來的願望，在京都的一條巷子裡「室町」，建立了他的邸宅，廣植花木，成爲一所十分幽雅的處所，就在這所宅子裡，設立他的幕府。從此史家稱足利氏的後人爲室町時代。尊氏爲人倒是器宇恢宏，有海闊天空之量，用人不疑，並且絕不吝嗇，所以一班武人個個服他。他的同母弟直義，也是個極有才略的幹員，兄弟二人本來十分親愛，尊氏對他這位祇小一歲的手足極其信任，他本人奔馳在京畿一帶時，便將老巢的鎌倉交給了直義。而當他戎馬倥傯無法處理政務時，又將這一重任交給了直義。尊氏和護良親王反目時，親王被囚，也是由直義監視，由直義派人把親王殺了。

幕府成立時，尊氏將所管轄的權限分爲兩大部門，有關武人的部分，由尊氏統率管理，賞罰黜陟，悉歸他處理。而有關文事，大小政務都歸直義。但是從古至今，權限的劃分從來難以分明，而其中祇要有人比較貪婪，秩序便會大亂，兩頭政治的必然歸趨，脫不了悲劇的下場。

尊氏手下有兩兄弟——高師泰、高師直，是他得力的幫手。他們二人很早就追隨尊氏。師直本是出家人，號稱「道常」，還俗後，任尊氏的「執事」，官拜武藏守，尊氏背叛北條時，是他攻破了北條在「六波羅」的基地。延元元年尊氏反後醍醐，由九州回軍犯闕，又是他任先鋒，延元三年北畠顯家來救駕，又是由他迎戰，把顯家殺死，可以說他所向無敵，確實是尊氏帳下的關張。他的哥哥師泰任侍所總管，「侍」就是武士之謂，所有的武士都歸他指揮督導，誰該賞，誰該罰，祇要師泰的評定就夠了。二人聯手起來，成爲炙手可熱的軍事權威，他們二人也自恃功高，肆無忌憚。師直尤其跋扈，除了對尊氏保留著三分顧忌不敢公然違抗外，對於直義便沒有放在眼裡。他私生活極其糜爛、好色，根據《太平記》的記載，不管是誰家的女兒，他都一樣搶來睡過，皇室的公主、攝政家的千金，都替他生了孩子，他最寵愛的嬌兒就是二條關白的妹子爲他所生的。當時在京裡傳出來的話：「執事（指高師直，他是尊氏的執事）祇要到宮裡去打個轉，如果沒有奇遇，連神都不會信！」

除了在宮裡胡鬧之外，有一次他看到了同僚鹽谷高貞的妻子，驚爲天人，便去窮追，但是人家不肯，於是他就陷高貞於罪，高貞舉家逃走，他派人把女娘抓了回來，在中途這位烈女自盡了，高貞聞訊也自刎而死。高師直在好色之外，他眞是無法無天，對於皇室，一點尊敬之念也沒有，霸占了護良親王母親的舊宮，作爲他的邸宅，還嫌不夠華奢，又大加改建。京裡又有傳言：「皇室裡的『人』不值錢，一樣被判刑、被充軍，但是用得著他們的時候，就做個木頭的鑄個金人來玩玩！」

的確皇室已經被猖狂的武人戳穿了他的神聖莊嚴的外貌，日本人民恍然大悟，天神的子孫還遠不如拿著利刃的武士了。

京都被高氏兄弟搞得天翻地覆，人心思漢了！在京都的南面——吉野的小朝廷，除了老臣北畠親房以外，君臣都是些孩子在當政，楠正行有他父親的「勇」，但沒有他父親的「智」。新皇後村上即位之後，楠正行急於立功，將吉野附近的幾處城鎮都攻克了，威脅到京都。尊氏無奈，祇好命令高氏兄弟率領二十餘州的大軍去還擊。楠正行得到消息，他決心拚死，而不願去鬥智，臨行的時候，他去陛見小皇，小皇這時剛過二十歲，對他十分不捨，慰勞他之外，囑咐他道：「今賊悉銳而來，眞安危之決矣，雖然兵之進退，貴於從宜，朕以汝爲股肱，汝其自愛。」小皇知道他這次去，怕是不會回來。果然他在河內的四條畷，遇到了高師直的大軍，他率領一小隊人，和他的弟弟正時，一直衝到了高師直的陣前，接戰多時，座騎都重傷，他祇好棄馬步戰，勇不可當，敵眾辟易，有一人自承他是師直，楠正行大喜，一刀揮去將那人砍死，他割下那人的頭，把它像球一樣拋到空中，然後又接又拋，這時如蝗似的飛箭射中他全身，他像個大刺蝟，有人告訴他，他所殺的不是師直，他於是大喝一聲，扔了人頭，又去追索師直，但是他已聲嘶力竭，由晨至晡，使出全身力量，再也打不動了。他喊了兄弟正時過來，兩人像他們的父叔一樣，相向對刺而死，正時二十二歲，正行也祇有二十三歲。

高師直得勝之後，意氣飛揚，乘勝進攻南朝的都城吉野，他兄弟二人大發野性，沿途燒殺，路過聖德太子廟，不管三七二十一放了一把火，把這日本人視爲聖地的殿堂燒了，太子偶像的金妝剝了，他們衝進南朝的心臟吉野，先將天皇所居的宮室毀了，然後像野獸一般，到處殺戮擄掠，可憐的吉野，無吉可言成爲荒野了。小皇倉皇逃避，不知去向。他們不再窮搜，便興高采烈地班師回朝。

回朝之後，高師直兄弟驕縱更甚，總覺得足利直義是依靠著老哥吃閒飯，而位在他們兩人之上，心裡總不舒服。而直義是個拘謹認眞、守正不阿的人，當尊氏要他負政務之責時，他再三不肯，但他推不掉時，就毅然決然擔負了起來，甚至連他最愛看的戲劇都戒除不看。他手下大將，一天在路上遇見了上皇的車駕迎面而來，上皇的侍從哄喝喊道：「下馬！下馬！是『院』來啦！」他這位大將說：「什麼？『院』，是『犬』！有什麼神氣。」說完他還由弓袋裡抽出一支箭往車裡射去，雖然沒有傷人，但犯了大不敬罪，直義知悉後，就將那大將斬了。

不久以後幾乎同樣一件事發生了，高氏的親戚——一群年輕小夥子在東山打獵，遇到了天皇、上皇，由天台座主家裡出來，爲了一件小事，小夥子們居然動手打人，驚動了聖駕，搶了寺裡的寶物，並且還放了火，寺裡人要求將闖禍人處以極刑，但是由於高氏的袒護，祇判了充軍之罪，而充軍之日，倒有三百人的從者騎著駿馬，陪同一起赴發配之地，沿途「設酒肴，每宿有傾城相伴」，比現在的觀光旅遊還要開心。

直義對於高氏兄弟的跋扈，深惡痛絕，終於他忍不住了，在貞和五年的閏六月要求尊氏將高師直的「執事」職位免了。「執事」的名位雖不高，但實權甚大，他是副官、是秘書、是門房，任何大小事都要經過他，是上承下達的樞紐，高師直利用他「執事」的地位，正可以挾天子以令諸侯，尤其尊氏對他十分信任，他更可以從心所欲。這時被免了執事，他恨直義如切骨。

到了八月，高師直率領了他的心腹部將來攻殺直義，幸而直義逃得快，逃到了哥哥尊氏的家裡，高師直跟著也追來，他的親兵把尊氏府邸團團圍住，要求尊氏做主，懲罰直義手下挑撥離間的人，其中有武將、有和尚。尊氏好說歹說都難妥協，最後尊氏發怒道：「一個當主人的，向自己累代的家奴低頭，將會為天下人所恥笑，倘若你還不聽勸的話，我們弟兄兩人祇有自殺！」高師直這才軟了下來，條件是：

一、恢復師直執事的位置。

二、直義的職務讓給尊氏的長子義詮。

三、直義的幾位朋友武士都充軍。

直義總算保住了性命，但是他那兩位被判充軍的寵臣，走到半路上還是被高師直派人殺了。尊氏的長子義詮，原來鎮守鎌倉，奉命回京，接替了直義的職務，直義落了空，他索性剃髮為僧，潛心念佛了。而他所培植的足利直冬，本來派在遠江等十四郡為總管的，這時深怕賈禍，遠遠地逃到了九州。足利直冬其實是尊氏庶出的孩子，因他的娘出身微賤，所以尊氏不喜歡他，一度送他去當和尚，他偷偷逃出寺門，淪為乞丐。直義發現了他，把他收留認為義子，因此尊氏雖然是父親，但比路人還不如，而叔叔卻是恩人。他逃到了九州之後，很得人緣，跟當地的豪族「少貳賴尙」的女兒結親，不多時便儼然成爲一霸，遠江等地十四郡的豪族也都響應了他，如火燎原一樣，幾乎延燒到京畿一帶。尊氏發現事態嚴重，不得不親自處理，於是命令高氏兄弟整軍出征。高氏兄弟於調軍遣將之際，認爲是乘機幹掉直義的最好時期，派心腹去殺直義，誰知仍然被直義所預悉。直義祇好逃命，最安全之地是他的舊部「畠山國清」的防區，在大和，鄰接南朝，爲了怕腹背受敵，權宜之計，祇好投降南朝了。

足利直義雖然逃出了京都，但是尊氏仍按原訂計畫出師征討他自己的不肖逆子。命令義詮留守京都，護衛光嚴上皇和光明天皇。尊氏似乎沒有料到直義會投靠南朝，也小看了南朝，以爲楠正行死後，南朝不可能還有人來反攻，同時他似乎也忘記南朝還有位老謀士北畠親房。親房明知道足利直義的投誠，未必是眞心，但何妨將計就計，命令他率領他的部眾去反攻京都，直義爲了表示效忠南朝，祇有奉命而行。

京畿一帶的武將，幾乎全是直義的舊部，直義被高氏弟兄欺淩，早就個個不平，這時看他整軍復出，大家歡欣鼓舞還來不及，怎麼還會抗拒，於是他勢如破竹地打進京都。留守京都的義詮祇好奪路而逃，上皇、天皇他都顧不得了。

老親房隨軍一同到了京都，他十七年來重踏故土，老淚縱橫，不勝感慨，總算他的籌謀初步成功，楠正行的胞弟正儀也領了南朝軍同時到達，虜了北朝的上皇、天皇。尊氏的大軍四面楚歌，士氣大喪，原來的同袍忽然變成了仇敵，而尤其領兵的高氏兄弟惡名遠播，是十目所視十手所指的壞蛋，誰還情願爲他二人出力拚死。兩軍一接觸，尊氏就在「打出濱」打了個大敗仗，高氏兄弟都負了傷，逃兵連續不斷地增加，尊氏看到形勢不對，趕緊派使者到直義營裡請和，直義本來就沒有爲難他兄長的意思，目的祇在除掉高氏兄弟，和議的重心在如何處分這兩人，所以很順利地達成協議，命令兩人出家，饒他們不死，但是他兩人的仇家怎麼肯輕易地放過他們，在尊氏歸京的途中，高氏一家老小都被人殺得乾淨。

高氏兄弟雖死，但是尊氏和直義之間的間隙，不但未能解消，反而更加深了。原因很簡單，一向是老大的尊氏，這時變爲敗軍之將，回到京都時，被人冷落萬分，幾乎像一群犯人。而直義是凱旋英雄，前呼後擁地由高官顯貴們簇捧著，堂堂地被迎進宮門，好不威風。這對於尊氏已經是絕大的打擊，而最使他難堪的是直義論功行賞時，要沒收尊氏手下武士的領地，以酬勞他出力的將佐。尊氏大怒，雖然以後雙方妥協，找到了折衷方法，但是這烙痕永遠無法弭平了。

尊氏不是甘於認輸的人，表面上他低了頭，暗中卻和他的長子義詮計議如何反擊。這時由於直義歸順了南朝，替南朝克服了京都，北朝應該取消才是。尤其南朝的主謀北畠親房堅持將尊氏以前所擁立的光明帝，以及在兩年前，禪位給光嚴上皇的第一皇子的興仁親王，都一起廢掉，並且將三位上皇、天皇、皇太子全部移送到群山之中的「賀名生」去，北朝算是完了。對於這樣的大事，尊氏都不抗爭，他假託鎌倉空虛，率領親兵回去，而將這些棘手的交涉留給了直義。到了正平六年的七月，義詮也說要去討伐播磨的叛黨，領了所屬部隊走了。

尊氏父子離開京都之後，直義才恍然大悟，他們父子都是託辭脫離他的羈絆，回到他們的據點，預備整軍由東西兩面來夾擊他，而他如留在京都，靠薄弱的兵力絕無抗拒的可能，倘被包圍，將如甕中之鱉。於是連夜出奔，不敢南下，以免被南朝人呑併，祇好向北而行，在北國有他的舊部，既能與關東聯絡，也可以和九州的直冬互通聲氣，成爲鼎足而三的局面。

不過尊氏比他棋高一著，尊氏看得清楚，既然直義降了南朝，討到了便宜，就何妨也依樣畫葫蘆去詐降，老北畠急於想求全面統一，准了尊氏的所請，於是他兵不血刃，和平進軍，回到了京都，恢復了他征夷大將軍的威風。立刻派人去迎接後村上天皇，並且答應奉還政權，在他八月二十五日的奏本裡，寫道：

天下之事，悉歸聖斷，一切均依「元弘」舊例行事，必不敢違。

「元弘」是後醍醐天皇滅了北條幕府後，所做的各種措施，是皇權最隆盛的時期，這就是說連幕府的組織都願解消。他不敢再有抗命的意圖。不過他要求天皇頒賜討伐直義的綸旨。南朝君臣都依了他。十一月小天皇後村上到了京都，自從後醍醐天皇易服逃離京都後，已經經過了十六年。

尊氏接駕之後立刻領兵去討伐直義，在「相模」的「早河尻」，大破直義，到了翌年的正月初五，堂堂地進入鎌倉，直義投降了。表面上兩弟兄言歸於好，但是過了一個多月恰好是高師直、師泰被人暗殺的周年忌日，直義忽然暴病而亡，《太平記》裡記載：

表面上是得了黃疸病，實際上是被鴆死的。

直義死得糊塗，比他年長一歲的同父同母的兄長實在狠辣，卒時祇得四十七歲。

# 室町時代的開始

足利直義被他親兄毒死後，最悲傷痛悼的，當然莫過於在九州的直冬了，他是直冬的恩人、老長官，也是精神上的導師，除了直冬而外，敏感的北畠親房也意識到事態嚴重，尊氏的復起，對於南朝將產生莫大的危險，他雖然上書投誠，並且自願解除幕府的機構，但很顯然的是詐降，他擁有重兵，戰將如雲，絕不像能俯首聽命的。老親房看清了這點，乘尊氏還沒有返還京都之前，在正平七年的閏二月裡，他便發動南朝諸將，乘虛將足利一派的勢力徹底清除出京都。不過他這一企圖並不能順利達成，於是可憐的京都，成為南朝與足利兩方必爭之地，一向首善繁華如錦的平安京，被蹂躪得如一片瓦礫場。以下是爭奪戰的主要戰役。

正平七年閏二月，南朝大軍攻入京都，負責留守的尊氏嫡子義詮大敗，退走到了近江。同年三月，義詮糾集了援軍反攻，南朝諸將不得不退出京都，轉到了八幡，兩軍相持了幾個月後，南軍糧草不繼，到了五月，後村上天皇無奈，祇好抱著神器，騎馬退回到吉野群山之中的「賀名生」去了。

正平八年的六月，尊氏的舊部山名時氏以及他的兒子山名師義歸順了南朝，率領了三郡兵丁，會同了南朝的大將楠正儀（楠正成之子、正行之弟），奉了後村上天皇的敕命來討叛徒，一鼓作氣便攻入了京都，留守的義詮又倉皇敗走。北朝的幾位上皇、天皇，都被南朝虜去，而這時足利尊氏也已經上過了降表，倘若興兵抗命的話，不啻自承叛逆，無從號召軍民，處境十分狼狽。總算義詮走運，他發現了光嚴上皇第二皇子彌仁親王沒有被南朝綁架，還留在後方，於是趕緊請了出來，擁立爲北朝的天皇，稱爲後光嚴。重整旗鼓，奮勇反擊，居然奪回了京都，到了八月尊氏本人也趕到。

正平十年，山名父子會同了直冬，又在正月裡進攻京都，尊氏和義詮又不能不逃走，兩個月後，聚集了新軍再度奪回。在這三年當中京都數度易手，由這數度易手當中，可見雙方的士氣都十分低落了。

在雙方進行京都的爭奪戰中，北畠親房在正平九年的四月裡病歿了。他是南朝的靈魂，由於他的辯才卓越，文筆委婉，他所著《神皇正統記》，成爲南朝的護身符，一直傳到後世，仍然使得北朝系統的皇室惴惴不安。現在的日本史書都記載，南朝的後龜山天皇將天皇信物「神器」，傳給了北朝的後小松天皇，象徵了南北朝的合一。實際上是後龜山受了騙，將神器交出之後，北朝拒絕履行所議定的承諾，後龜山一怒又回到了吉野山中，其後六十五年之間，雙方仍然對立之中，一直到南朝絕了後嗣，北朝才算統一。因此在戰後，日本在麥帥統治下時，還有些無聊的人自稱是熊澤天皇，是南朝的後代。這都是由於北畠親房的《神皇正統記》所引起的。

這時他亡故，行年六十有三。南朝的步驟從此零亂，和戰大計沒有人主持了。

在北條時代的武士，初期還一直保持著純眞不二，對自己的主子效其愚忠，然後漸漸變質，到了末期，由於北條高時的昏庸無能，眾庶離心，影響了武士的心情，而尤其在天皇討幕的號召下，單純的主從之恩起了變化，背主求榮不但正當，並且是順天尊君的神聖行爲，同時也是立取富貴的捷徑。足利尊氏便是最好的榜樣。既然「背主求榮」可行，於是爲了「求榮」，就什麼「主」都可以「背」，天皇也不例外，這就成爲武士的遵行法則。「有奶便是娘，無奶不打仗」，倘若無利可圖，誰都不肯賣命。說明了京都幾進幾出的實況，也說明了當時忽叛忽降的多變態度。

山名時氏是最明顯的例子，他本來是尊氏的部將，追隨尊氏有年，建立很多戰功，犒賞也多，他的兒子師義後來也跟著打仗，驍勇善戰，尊氏很賞識他，許了他「若狹」的一座莊園，但是還沒有下令頒賜給他時，戰事又起。師義又隨義詮去打男山，也頗有表現，他滿心以爲這一下可以得到他那渴望已久的莊園了，誰知論功行賞時他竟沒有膺選，於是他拜託了一位義詮的親信佐佐木去爲他說項，不料又碰了一個大釘子，他一怒之下，回到自己的家鄉，愬之於父，老山名也是火爆脾氣，父子二人竟不顧幾十年的恩情宿好，居然仿效足利弟兄的故伎，降了南朝，反而攻打足利了，這便是正平八年之役。

尊氏痛恨的人，這時衹剩下他自己的兒子直冬了。直冬盤踞在九州，聲勢日隆，很像他自己往年叛離後醍醐天皇時的情形，隨時都有北來侵襲京都的可能，何況還有凶狠的山名父子為羽翼，更使得尊氏不能安枕，因此自從北畠親房亡故之後，尊氏便不斷企圖和南朝言和，安撫了南朝之後，便能專心進剿他那不肖的逆子。到了正平十三年，與南朝之間好不容易取得了諒解，準備親征九州，原訂在三月上旬領軍出陣的，忽然舊病復發，背上生癰，可能就是楚漢之爭時，范增所生的疽，十五天後便病歿了，行年五十有四。時為正平十三年的四月（西曆一三五八年）。一代梟雄，狠、詐、奸、惡，不擇手段地達成了他祖先的夙願，開創了足利氏十二世二百四十年的室町時代，恰好和我國明朝的興亡幾乎是同一時期。

由這時開始，尚武的風氣已經彌漫了日本，早已不是《源氏物語》裡那樣，沉醉在卿卿我我戀情的時代，而是隨時拔刀橫劍來奪人財寶的蠻幹時代，經過連年的戰爭之後，日本武人在國內已經找不到容易欺凌的老百姓，於是他們便向海外去冒險，首當其衝的是高麗、是三韓，慢慢地侵入到中國大陸，有明一代，倭寇不斷來困擾，從此中日關係由和睦相親一變而為覬覦仇視了。

尊氏是死了，但是南北朝之間的抗爭並沒有因此而結束。不過久戰之後，雙方都疲極，由於武士的士氣墮落了，所謂的大戰，也不過衹是虛晃一槍，來攻的氣盛，被攻的就退走，像兒戲的蹺蹺板一樣，此起彼伏，彼伏此起。

尊氏故世後，北朝的君臣急忙任命了義詮襲位征夷大將軍，南朝的諸將風聞到尊氏死耗，大家摩拳擦掌，都準備乘機來找一點便宜，於是膠著了的形勢又大亂了起來，義詮當了將軍之後，不能不去立威，他集合了所有能動員的軍兵，在正平十三年的十二月大舉進攻南朝，到了第二年的五月，他居然將難攻不落的赤坂城打下了，南朝主將楠正儀（楠正成的兒子）退到了金剛山。義詮不再窮追，他有心與南朝言和，而楠正儀正是他想拉攏的對手。

足利派的內部爲了爭權奪利，不斷地起糾紛，擁有重兵的將領不但互相猜忌，並且對於自己的尊長也要求萬端，稍有不如意事，即刻反目相向，他們有的是前例可循，祇要投降南朝，反過來進占京都，大掠一頓，搜括飽了之後便再退走，就這樣京都又遭了第四次的浩劫。

這第四次的進攻京都，名義上是南朝，實際上是義詮的叛軍，打了南軍的旗號，而不爲南軍統帥楠正儀所贊同的行動。楠正儀經過了半生的戰鬥，比他父兄的想法似乎要冷靜得多，既然南北雙方都是爲了皇室，就該謀求南北的合一，而不應該互相殺伐，自從北畠親房逝世後，南朝重心漸漸集中到他手裡，他便不斷地尋求合一之路。這次的出師，他根本就反對，因此敗退的時候，他也按兵不動，沒有去援救反擊，很受了南朝人的批評。到了正平二十二年，經過兩年間的秘密會談，南北朝的和平談判有了眉目，南朝的代表是楠正儀，足利方面的代表是義詮的親信佐佐木高氏。大致的條件都已協議，南朝的後村上天皇派了敕使葉室光資到了京都，正式的講和，一切似乎都已妥當，和平已現曙光，但是爲了天皇的綸旨裡，用了「降伏」兩個字，義詮大怒，合一的交涉就此決裂。眞是功虧一簣，使得楠正儀十分懊喪。

同年的十二月義詮得了病，七天後就逝世了。和談從此作罷，更不幸的是，後村上天皇幾個月後也薨於位。新皇長慶天皇對於楠正儀的信任遠不如前皇，因此楠正儀對於他所掛念的南北合一的努力失去了信心。

終於到了正平二十四年，起了變化。他和三代將軍足利義滿的輔佐大臣「細川賴之」相知有年，細川爲人端厚，而富謀略，好讀書，能詩歌，雖然是員武將，但極其儒雅，他對於無意義的戰鬥也深惡痛絕，兩人意氣相投，雖然在敵對的陣營之中，但心心相印。楠正儀在南朝的處境日益惡劣，周圍都是些話不投機、意見相左的人，使他難以忍受，於是毅然決然地與義滿通了款曲，投到足利幕府的麾下了。

足利義詮以三十八歲的英年逝世，他的長子義滿祇有十一歲。這時恰巧是一個新時代的轉變，南朝的天皇也換了人，而中國大陸方面元順帝死，朱元璋在南京即位稱帝，國號明，明朝開始。

義滿雖然祇有十一歲，卻聰穎異常，他的母親良子是皇室的後裔，因此義滿也算是有了皇室的血統。所以在他歿後，追贈爲太上皇，在日本歷史上是僅有的異數。

由於他年幼，義詮臨終的時候，將他託孤給細川賴之，令義滿以父事細川，託細川以子責義滿，兩人都能恪遵遺命，雖然也有小人挑撥離間，使得細川在短期間被罷黜歸里，但不久義滿覺悟，親詣他鄉間寓所，將他又接了回來。義滿所有的措施，大都皆出自細川，久經戰亂的日本，千頭萬緒，幾乎無從收拾。由於細川的剛柔並用，恩威兼施，很多強梁的老將都就了範，日本慢慢安定了下來。

細川也能漢詩，在他受委屈被黜的時候，詠過一首詩，其中名句道：「滿室蒼蠅掃難去。」古今中外受過冤屈的人，都會有同樣的慨嘆。

義滿經過二十多年來的征討與懷柔，平定了桀驁的群雄，同時後醍醐天皇在日本東、西、北各區布置的幾位皇子，號召勤王的，也都一個個死了，全面和平在望。半世紀有餘的南北朝戰爭，陷入膠著狀態之中，兩方面的天皇也都換了人，北朝的後圓融天皇禪位給後小松，南朝的長慶天皇也在一年後禪位給後龜山，於是南北朝的合一交涉又開始進行，名義上是由義滿斡旋，經過幾度的折衝，由義滿提出了下列幾項：

一、由南朝將天皇信物三種神器交出，後龜山天皇讓位給後小松天皇。

二、以後恢復實行兩統交替為帝。

三、日本全國的郡縣收入歸南朝，天皇莊園（長講堂）的收入歸北朝。

這是個騙局，南朝將神器交出之後，後小松成為日本唯一的有信物、有強有力的幕府為後盾、有武士群、有廣大土地、有群眾、有首都的天皇。而後龜山變成一無所有的庶人了。倘若後小松不履行承諾，誰又能奈何得了他！何況後小松也是受制於人，一切都是足利幕府做主，於是遠巴巴地由吉野興高采烈來到京都的後龜山，發覺義滿毫無誠意，深恐久居他的治下難免會遇害，偷偷逃回他舊地了。雖不光明，但南北朝算是合一。結束了七十五年的對立。元朝兩次征服日本的企圖，雖然改變了兩國親善的關係，但是並沒有斷絕雙方之間的貿易，忽必烈大帝始終認爲日本是個產金銀的國家，對於日本產的硫磺、日本製的長刀，都感覺興趣，因爲硫磺可以製造火器，而日本刀也鋒利無比，是戰爭中不可或缺的利器，所以從來沒有下令禁止船舶的停靠，也沒有不許中國商人赴日，日本商人由於兩次的神風，認爲有天佑，也膽大起來，在交易當中，遇到了不愉快的事情發生時，偶爾也會逞起凶來，藉他們的硫磺來放火，武士刀來威脅，以解決爭端，形成了一種武裝商人團。到了元朝末期，官吏往往怕事，不斷容讓，就更增長了他們的氣焰。終於變成了「寇」。

另一方面則是眞寇，日本由於連年戰禍，民不聊生，鋌而走險，淪爲盜賊的不斷增加。地方上的強豪也將流氓地痞收爲傭兵以保護他們自己的莊園，這批凶漢以搶奪爲主，終於越出了國界，侵入到鄰邦去了。首先遭到他們蹂躪的是高麗的全羅道，慢慢及於高麗全境，然後更跨涉到了山東。這時元朝已亡，明朝當局一時摸不清日本的最高權力機關究竟是誰，在哪裡，認爲盤踞在九州的懷良親王是國王，請問他「入寇之故」。懷良親王對於這班無法無天不受任何人節制的凶漢，當然毫無辦法，也不願意承認自己並不是日本的主宰，衹對來使虛與委蛇了一番，將擄來的人口、搶奪來的財物還給了明朝，但是對於猖狂的倭寇，衹能袖手旁觀，於是猖狂的倭冠更加猖狂了。

到了足利義滿繼任征夷大將軍之後，情形稍有轉變，明朝的官員也發覺了懷良親王不足以任交涉的對手，何況懷良親王態度十分傲慢，使得明太祖起了征日的念頭，又被他所悉，居然寫了長長的一封信，最後的一段：

……順之未必生，逆之未必死，相逢賀蘭山前，聊以博戲，臣何懼哉！倘君勝臣負，且滿上國之意，設臣勝君負，反作小邦之羞，自古講和爲上，罷戰爲強，免生靈之塗炭，拯黎庶之艱辛，特遣使敬叩，爲上國圖之。

簡直是教訓了朱元璋一頓，雖然稱呼尙算客氣，自稱「臣」、小邦，尊中國爲「上國」，但是辭句堂皇，理直氣壯，確是一篇名文，想來他幕下必定有中國文士替他捉筆，可惜不知姓名了。信中說「罷戰爲強」，實際上他那時正在作戰，和幕府軍拚得你死我活當中，並且殺得大敗。

這時足利家正進行一項大工程，爲七代天皇的國師「夢窗疏石」新建一所大寺，名爲天龍資聖禪寺，但是缺乏資金，於是特准兩條船和明朝通商，得來的利潤作爲營建費用，而這兩條船由幕府負責保護，所到的港口，也不容再有倭寇侵擾，其後這兩條船成爲例子，源源不斷的商船繼續而來，倭寇漸漸斂跡。到了一四〇一年明建文帝三年，足利義滿遣派了第一艘官方的貢船，自稱「日本國准三后、足利義滿上書大明皇帝陛下……」（准三后是日本特有的待遇，相等於太皇太后、皇太后、皇后的待遇）。第二年貢船回來時帶來明朝的覆書，則稱他爲日本國王：「爾，日本國王，源道義（義滿的法號道義，源，是姓，源義家之後），心存王室，愛君懷誠……」義滿的覆書又自署「日本國王臣源」。爲了表示眞誠，他捉到一些強盜，解到明廷去。

# 足利義滿的後人

足利義滿所受到的尊榮，確實超越了日本任何朝代的人臣。但他沒有篡奪皇位，似乎不屑於當這有名無實的天皇，天皇是他玩弄於股掌之上的活傀儡，已經失去了任何價值。不過在應永十四年，爲了使他的妻日野康子加一層光榮，讓後小松天皇認她做乾娘，是他安撫失了寵的老妻，讓她過過皇太后的癮頭。至於他死後追贈爲太上皇，是皇室對他的殊榮，似乎他並不太在乎。反倒是明朝冊封來的日本王封號，對他大有珍貴感。他奉到明成祖的詔書時（建文帝失蹤，燕王繼位爲成祖），恭恭敬敬地行了跪拜大禮，叩頭謝恩。他是十足的日本人，是經濟動物，懂得賺錢第一，祇要有利可圖，叩兩三個頭無所謂。因此他當了日本王之後，商船的來往、中日之間的貿易更加頻繁，而倭寇依然猖獗。

在尊氏、義詮時代，驕兵悍將不斷地叛服無常，到義滿掌權後，那批老傢伙不死也衰，他們的子孫大都不肖，被他一個個翦除掉，當時就有人說：義滿生年是「戊戌」，兩字都從「戈」，他是脫離不了干戈的。

義滿雖然叱咤風雲，不可一世，但是寡人有疾寡人好色，他婢妾如雲，並且也好營宮室，在應永元年，他三十六歲時，就將他征夷大將軍的職位讓給了他長子義持，當然他依然大權在握，不過將那些繁瑣的雜事，由他兒子處理而已。到了第二年他索性落了髮，做起吃酒肉擁妻妾的和尚，在京都郊外的北山大興土木，起了一所有山有水的大別莊，除了殿堂而外，在湖邊更建了一所玲瓏的樓閣，用厚厚的金箔塗滿了全閣，映在水裡，顯得極其豪華而不脫幽雅，構成日本在建築上獨特的風趣，他這別莊取名「鹿苑」，硬是仿效我佛如來得道講經的地方，但他卻不是講經，金閣完工之後，他便在這豪華的別莊裡，替他側室所生的兒子義嗣舉行成年禮，日本稱之爲「元服式」，從這天開始義嗣不再是孩童了，他邀請了天皇以下的文武百官都來觀禮，然後大宴賓客，最重要的主賓當然是天皇，但他卻讓他那十多歲的嬌兒義嗣坐了首席，又奏請了朝廷任命義嗣爲左馬頭，左馬頭官雖不大，但是一向由將軍家裡嫡子擔當，而義嗣是妾媵所生，足見得他昏了頭，章法亂了，種下了蕭牆之禍。

義滿替他的愛子義嗣舉行「元服式」的時候，就已微感不適，幾天以後眞的病倒，在他還沒有來得及廢嫡立庶的時候，病情惡化、危篤，在應永十五年的五月初六以五十一歲去世。遺下了最鍾愛的兒子，沒有誰敢來寵他了。

時間過得很快，八年後嚴重的事情發生了。當初足利尊氏把幕府遷來京都時，就把老巢鎌倉交給了他的四子基氏去鎮守，基氏很得人和，關東一帶地方能夠保持安定，基氏的功不可沒，這時已四傳到了他的曾孫「持氏」，持氏是個心浮氣躁的大少爺，應永十六年接任爲關東的「公方」，公方者比照京都的將軍的權職，是將軍的代表，統御了關東地方各級文武，持氏的副手上杉氏憲，出自名門，在關東一帶極有勢力，爲了一點小事和持氏的意見不合，憤而辭職。持氏不但准了他，並且起用了和他敵對的族人憲實來替代他，使得氏憲非常惱火。他於是去見了持氏的胞叔足利滿隆。滿隆是位相當有才幹、政聲也好的人，對他這位姪少爺的作爲，也深爲不滿。氏憲開門見山地對滿隆說道：「公方耽溺酒色，不可統帥，匡邪靖難，非君而誰，君若舉事，臣請輔之。」就這樣把滿隆說動了，他們便約期舉事，在應永二十三年的十二月，持氏正在飲酒取樂的時候，叔叔滿隆和上杉氏憲掩殺過來，總算持氏逃得快，乘黑夜裡，他衝出鎌倉，一面向京都告急，一面糾結部屬，嚴陣以待了。這時在京都流言很多，謠言飛到了義嗣的頭上，說他暗通滿隆，準備東西呼應，實行叛亂。義持對他這位小弟一向存有戒心，雖然沒有眞憑實據，但是爲了安定人心，他也不得不有所舉措。他於是下令義嗣削髮爲僧，並且將他囚在相國寺裡，聽候發落。

上杉氏憲和滿隆的政變沒有成功，他們腹背受敵，到了應永二十四年正月初十叛軍全軍覆沒，上杉一族四十餘口血濺鎌倉雪，統統切腹自殺了。

持氏得勝後，殺得性起，他不斷追剿上杉的與黨，而上杉這一族，原來和足利家就有密切的姻婭關係，因此義持並不希望持氏過分採取報復行動。但是持氏不聽，他率領了大軍，將在關東一帶的豪族幾乎攻殺得乾淨。這還不算，他認爲義嗣必然有罪，不能不處分，義持於是也樂得採納了他的要求，將這二十五歲的千金公子縊死了。義滿心心念念地想栽培、想富貴的愛子，反而折了他的福，落得個死於非命。

持氏得意忘形，尤其他旌麾所指無不披靡的狀況下，使他如醉如狂，不可一世。他誤以爲京都幕府方面都是些膽小怕事的人，便興起了取而代之的念頭。義持當然也有感覺，對持氏咄咄逼人的態度也難容忍，因此雖然是叔姪的關係，東西雙方卻並不和諧。

應永三十年義持四十歲的時候，讓位給他的兒子義量任征夷大將軍，他原意是希望義量能早點有歷練政務的機會，卻不料所得到的是反效果。十七歲的年輕人，一旦被解除了束縛，登上了權力的寶座，就如脫韁之馬，不肯再受任何節制。最使他容易放縱的，莫過於醇酒婦人，兩年的酒色生活，義量便脆脆弱弱地夭亡。義持悔已無及，衹好又復位，而這時持氏還在繼續他的征討與兼併，搞得神鬼難安，幕府對持氏的行動不能緘默，終於下了討伐令。

持氏卻會見風轉舵，他惹惱了義持之後，便立即收兵，堆下笑臉來乞和，並且請求拜義持爲義父。義持長持氏十四歲，輩份是叔叔，對於這位野馬似的姪兒在私有管束之誼，在公更該加以羈縻，於是答應了他的所請，東西雙方的緊張情勢算是緩和了下來。

持氏另有打算，他明知義持好相與，沒有子嗣，萬一義持「百年」之後，他便是繼承人了。他無須等待「百年」，義持在認了持氏做乾兒子之後，剛滿兩年，忽然腿上腫瘍起來，不久病革。群臣來問後事，應該由誰承繼，他搖頭不語，最後他囁嚅道：「就是我說了，你們也不會依我，還是去拈鬮吧！」拈鬮的結果，由他的四弟義教接替，義教十歲的時候就皈依佛法，十五歲落髮出家取名義圓，曾經當過大僧正，受了准三后的待遇，一直做到了天台座主，這時他還俗，第二年拜爲征夷大將軍，正式執掌幕府的大權。

對於這次的變動，最不服氣的莫過於持氏，拈鬮怎麼能決定國家大事，做了和尚的人，怎麼可以當起將軍來！按往例新將軍上任，在鎌倉的關東公方，應該派專人來道賀，他不派。在七月裡用了很久的「應永」的年號，改爲「正長」，一年之後再改爲「永享」，他都不理，表示他無視幕府的權威，新任將軍都忍住了。到了永享四年，義教已經當了好幾年的將軍，一切熟手，他要對關東的諸將顯顯幕府的威風。於是率領他部下精兵、朝廷裡的眾公卿大臣，一起到富士山麓去巡狩。大隊人馬通過的郡縣，沒有不來迎送的。到了駿河國已是關東地區的邊界，持氏禮上應該來接，他居然稱病，派他的手下管領上杉憲實來應酬了一下，義教一肚子氣，他本來是個火爆脾氣的人，勉強壓了下來沒有發作，但是決心要給點顏色看了。

而在持氏這一面，也積極準備對幕府拚個死活。持氏在他鎌倉鶴岡的八幡宮，獻上他的一份血書，要求菩薩能保佑他「克服死敵，武運長久，子孫繁榮」。這件血書斑斑點點的紫黑色的血，濺在紙上，現在還留存在八幡宮裡。

雙方又隱忍了幾年，在幕府方面有幾位老臣竭力勸阻；在持氏方面，他的管領上杉憲實很識大體，也不斷進諫，不過逆耳忠言，雖然是善意，往往會導向地獄。終於持氏對憲實起了疑，到了永享十年，持氏要爲他的長子「賢王丸」舉行元服禮，地點選在鶴岡的八幡祠，憲實認爲不可，他說幾代以來嫡嗣的元服禮，一向都在京都的室町幕府裡舉行，由征夷大將軍親自賜授名字，現在似乎不該變更。持氏怒道：「還俗將軍怎麼有資格『冠』我的兒子，我才不要他替我兒子起名字，我自己會起！」他於是在祠前，替兒子加了冠，取了名字爲「義久」。他手下諸將都入賀，唯獨憲實稱病不來，持氏大怒，有意殺憲實，憲實發覺後，連忙逃到自己的領地，一面抵抗，一面向幕府告急。這時幕府的幾位老臣都已先後謝世，義教的左右再沒有人敢阻止他的行動。義教於是請了天皇的詔敕，號召全國各地諸侯，興兵討伐持氏。

持氏的人緣本來極壞，誰都不願相幫，孤軍獨夫，哪裡敵得住眾怒，接戰之後，全軍潰走。持氏退到鎌倉的永安寺，剃了頭髮乞降。憲實這時是幕府的先鋒部隊，看到故主窮蹙的情況，老大不忍，於是聯合了關東方面的將士，請求赦免持氏的死罪，但是義教不肯，憲實繼續請了十數次，都碰了釘子。持氏知道不免，他就在寺裡放起火來，與妻及剛元服不久的長子義久都自殺了。從足利基氏開始，足利氏的這一支盤踞在鎌倉，已有九十餘年，遞傳四世，獨霸關東八州之地，儼然和京都匹敵，祇以持氏狂妄自大，失去人和，落得個身敗名裂，行年不過四十二歲。可憐八幡菩薩無靈，不來保佑，不但武運不濟，子孫也幾乎斷絕。

持氏的另外三個男孩，由家臣護送，逃出大難，躲到了日光山，輾轉投奔到「結城氏朝」的治下。結城是關東八大族之一，累代受足利家的庇蔭，此時幼主落難來靠，雖然明知道會惹火上身，但在講義氣的時代，不能坐視不救。於是毅然聯合關東方面的武士，舉旗反了。

義教大驚，他不敢怠慢，急忙起用上杉憲實統領大軍，前去征討。憲實自從故主死後，心灰意冷。他一度想在持氏墓前切腹自裁，被人勸阻後，便削髮爲僧，不理世事。但是義教認爲祇有他才能號召關東的群雄，勉強他出任統帥，但他還是堅辭，最後由他的弟弟清方代理。到了永享十二年的三月，幕府的大軍才籌備完成，各路武士慢慢結合起來。但是烏合之眾，士氣並不高昂，一直拖到第二年，嘉吉元年的四月，義教連連督促，清方才下了總攻擊令。但是結城城堅，守軍也善戰，圍國多日毫無結果。最後買通了內應，放起火來，結城氏朝不得已，把持氏的三個男孩換成女裝，坐著轎子逃出城去。十三歲的春王和十一歲的安王爲人發覺，雙雙被捕，五歲的永壽躲在乳母懷裡，居然逃到信濃。結城氏朝一族男女老幼三百八十餘口全部殉難。春王、安王在送往京都的途中，遇到了將軍義教派來的特使，奉命將這無辜的孩童就地處斬，兩孩先進浴，然後安安靜靜地端坐受刃而死，首級送到了京都。

經過一年有餘的戰亂，算是平定了。義教看見那兩顆首級，大悅，把孩子的乳母叫了來，指著血淋淋的小頭，問她：持氏的兒子還在不在？乳母不答，咬爛了自己的舌頭而死。

在關東戰事正酣、勝負未分的時候，義教的異母弟義昭忽然叛變。義昭是當年拈鬮沒有拈上而去當了和尚的人，心裡一直悶悶不樂，總想推翻義教，取而代之。他和南朝失意的皇子圖胤同在大覺寺修道，變成莫逆之交。義昭遊說皇子道：「現在東西兩方面正殺得難分難解，皇子若想恢復南朝的舊業，是最好的時機。」皇子被他說動，於是由他到各處密洽起事。南朝的舊將很多響應了他，騰躍歡欣的他，幾乎忘了他是在謀反，居然閉門蓄髮，預備拋棄袈裟而袍笏登場了。但他怎麼能瞞得過義教，義教於是下令捉捕，幸而他逃得快，輾轉逃到了九州，想發動九州的武力舉事，不料竟無人理他，窮途末路，祇好自刎而死。他的首級由九州送到京都時，已經腐爛得幾乎不能辨認了。

義教得意非凡，弟兄四人，現在祇剩他一個，沒有人再能和他爭正統，而自從源賴朝竊據鎌倉，成立了據點以來，幾位天皇以及他自己的父祖都沒有能完成的統一大業，由他收復，他焉能不喜極而驕。不過樂之極矣悲將至，這是鐵則！他也逃不過。

義教雖然受過佛教的薰陶，當過僧人，但脾氣暴躁，不是以慈悲爲懷、心胸豁達的長者。他當了將軍之後，對於屬下，不但頤指氣使，並且苛酷萬分，隨便殺人，甚至有誅夷一族的。他的群臣見他有如見閻羅王，他不怕人怨不怕人恨，誰都奈何他不得。

義教手下武將赤松滿祐，是播磨望族的後裔，以累代功勳，受幕府將軍的恩賞，成爲好幾個郡國之主，不過在他一族之中的堂房兄弟免不了要爭寵、爭產，引起過非常不愉快的紛爭。滿祐的女兒被選爲將軍的侍女的，又因過失處死，因此滿祐總是戰戰兢兢，深怕再會有災禍臨頭，卻偏偏有事。他的族姪貞村，自幼喪父，但是人長得極其俊秀，義教收他爲侍從，很被寵信。結城大捷之後有一天，義教忽然對滿祐說：「聽說你家裡的鴨子孵了很多小鴨子，我來看看好不好？」將軍肯降臨，眞是喜出望外，滿祐連忙請示日期，就訂定在六月二十四日由滿祐設宴招待。滿祐正高高興興地籌備大宴時，他的外甥教祐告訴他：「將軍是要親自來通知你，要從你現有的郡國之中，劃撥一部給貞村。」這是青天霹靂，教祐供職幕府，所得的情報不會錯。自從義教當了將軍之後，對滿祐總是看不順眼，有意欺負他、整他，幾年來滿祐一直受著委屈，將軍譏笑他人矮貌醜，叫他爲「三尺入道」，故意放縱猴子去爬他的臉，他都忍受了下來，衹有一天在幕府大宴的時候，喝多了酒，邊舞邊唱地放肆了一下，微微露了些牢騷。不料將軍又誤會，說他頂撞，因爲歌詞中，他唱：「軀短勿侮，三國之主！」這「三國之主」唱壞了，將軍這下一定不會讓他再保有三國了。他趕緊召集了他的長子教康、外甥教祐和親信們，說道：「我家累世功勳，輔佐『將家』，而『將家』一再戲弄我、侮辱我，我都忍受了。現在又要奪我的產業去賞給那不成材的傢伙，這還能忍麼？是不是永無止境的忍呢？」於是大家都贊成乘他來的時候就幹掉他。計議已定，便去埋伏很多兵丁。將軍義教帶了朝中大臣如期而至，於是置酒高會，然後又觀賞散樂，一直看到薄暮黃昏時分，忽然有人大喊：「馬廄裡的馬跑了，快關門，關門！」就在這時大廳四周閃出很多大漢，義教見狀連忙想站起來時，已來不及，教康、教祐從左右兩邊一躍而至，抓著他左右手按在地上，一個武士從屏風後轉出，一刀斫下，將義教斬爲兩段，假閻羅王去見眞閻羅王了。貴賓裡凡是想站起來的，都被亂刀殺死，大官貴冑負重責的人幾乎全喪了生。幕府聞變，居然沒有人敢做主，不知所措，讓行凶的赤松滿祐一家人從從容容地退出京都，西歸播磨了。路過攝津的崇禪寺，將義教的頭顱埋了。義教死時四十八歲。

伏見宮貞成親王聽到消息後，在他日記裡寫道：「將軍竟『犬死』如此，自古以來尚無前例，此蓋自業自得，豈眞無能爲力耶！」

足利義滿成年的四個兒子，除了長子暴卒之外，其餘的三個都是死於非命，並且都是身首異處。

# 割據局面的形成

征夷大將軍足利義教被他的屬下赤松滿祐所弒之後，日本全國的形勢陡變。威鎮四方的雄獅驟然去世，森林裡的百獸都各自稱王了。

噩耗初傳出時，幕府驚慌萬狀，不知所措。對這亂臣賊子不能不討伐，但到底由誰領軍出征，很費周章。赤松據有三郡之地，是否他還另有支持者為他撐腰，有沒有把握將他一舉成擒很成問題，而最嚴重的是，義教的嗣子義勝衹有八歲，幕府是個群龍無首的空組織，誰也不能發號施令，擁有武力的各郡國的長官，各自保疆土，深怕一旦領兵去管閒事，就可能被第三者乘虛橫襲，喪失了自己的所有，因此躊躇觀望。僵持了兩個多月之後，才由山名持豐率領了大軍，進行討伐。山名家和赤松早有嫌隙，山名家本來就是大族，在南北朝紛爭的時候，由於反覆無常，很得了些甜頭，領地擴充到全日本六分之一的區域，到了足利義滿時代，才被義滿所抑制，將山名家的一部分領地「美作」，賞了給赤松。這時山名持豐以討賊爲名，其實是要奪回他原有的舊藩。經過幾次血戰，逼近了赤松滿祐的「播磨郡」「白旗」城，滿祐自知不敵，和他兄弟義雅都切腹自殺，長子教康逃到了伊勢，也被人殺了。他所有的三國之地，都由山名家族的人瓜分了。大逆不道，敢於弒征夷大將軍的，尙是首見。這時告了段落。

義教被弒之後，他的嗣子義勝襲位爲征夷大將軍，是個八歲的頑童，好騎馬。他的母親日野重子，是名門之女，日野這一族是藤原家的旁支，世代書香以文章供職朝廷。足利義滿和日野家的小姐締婚後，足利家的媳婦幾乎清一色都是娶自日野家。義教的兩位妻室，宗子、重子姊妹都是義滿夫人日野康子的姪女。宗子沒有生育，重子除了生義勝之外，還生了一個男孩，兩兄弟的性格卻迥然不同，哥哥好武，一天都皮個不休，弟弟文謅謅好靜。結果好騎馬的頑童，終於一個不小心，墜死在馬下。年僅十歲。於是由差兩歲的弟弟繼任爲征夷大將軍，他本名義成，但發覺「成」字，也是由「戈」字而成，深怕又會動了干戈，因此改名爲義政，不過儘管改名，還是沒有用處，他一生都不斷地在干戈中度過。

幕府這時完全沒有力量，各地的「守護」、「大名」各自爲政，他們所管轄的區域視同私產，貪婪無知，祇懂如何搜括，而不顧老百姓的死活，因此餓莩滿野，遇到了水旱災害的時候，死亡的人數常達萬餘，後花園天皇有詩，活畫了當時的景況：

殘民爭採首陽薇，處處閉爐鎖竹扉；詩興吟酸春三月，滿城紅綠爲誰肥！

天皇看得清楚，可憐他不過是個無權無勢的冷藏人，衹能以詩來喚起執政者的注意，但是誰也沒有來理會他，這首詩僅僅成爲歷史的文獻。

在這種情況下，老百姓那裡還能受得了，一波又一波的反抗苛政，雖然也有大規模的揭竿而起，但是烏合之眾，畢竟敵不過久經訓練的武士群，都在無情的刀劍之下，白白地犧牲了。苛政於是依然繼續，上層階級的權貴依然作威作福。生長在深宮裡的義政，這時二十一歲了，雖然他早就有了幾位情婦，但在多妻制時代，出身微賤的婦女不算數，於是正式議婚。他母親的親姪孫女日野富子，是大納言日野勝光的妹妹，出落得秀麗嬌艷，年方十六，正好門當戶對，迎娶過來做了征夷大將軍夫人。

義政雖然襲位征夷大將軍，但他爲人懶散，不愛理事，尤其新婚燕爾如膠似漆，更是從此不朝了。幸而母親重子能幹，替他掌舵，沒有出什麼大亂子。

結婚五年之後，富子夫人才生了個女孩，以後又久久不孕，於是有人進讒說是「今參局」使了法術，讓夫人生不出男嗣來。今參局是義政的侍妾，在富子夫人沒有過門前，早就深被寵幸，但自從義政和富子結褵之後，便秋扇見捐，不過她知書達理，仍然幫同太夫人處理各種事務，是府裡的一把能手，當然爲人所忌。妒她的人有心陷害她，造她的謠言，說她會禳祓，能驅使鬼神。而這時是個極其迷信的時代，衹要有人傳說，便有人相信。富子信，富子以外的人也信。富子不但信並且大怒，恨之入骨！不管是否今參局眞有驅使鬼神的本領，她強迫義政將今參局充了軍，在半途中又把她殺了。

富子殺了今參局之後，今參局所遺留下來的各項事務，都由富子本人來接辦了，於是她再進一層，儼然參預朝政，嘗到權勢之後，她更目空一切，飛揚跋扈起來。過了四年，太夫人重子病逝，所有大權集中在富子一人手中，義政樂得逍遙，任由老婆去天翻地覆地使威弄權，這樣又過了幾年，義政已將年屆不惑了。美中不足的是富子還生不出兒子，今參局的暗影不斷衝擊他，她可能眞的會法術，富子恐怕眞的生不出男嗣來，如果我沒有男嗣，大將軍之職由誰來承繼，由誰來任「家督」。而家督的地位十分重要，除了負傳宗接代責任外，家財的管理、土地莊園的保有都由他擔承，不能不早行決定，以備萬一，如同國家之內立太子一樣，必須熟籌預定，因此義政不能不顧慮。

他籌思再三，結果把他已經出了家的弟弟義視請了來，要求他還俗，任「家督」。不過還俗並不簡單，他要犧牲他在聖界裡的前途，犧牲他的素志他的信仰，他安靜的生活，因此他不肯改變他的初衷，尤其嫂嫂還年輕，倘若他任了家督之後，生下男嗣的話，情形就非常尷尬，他便無法再回去做和尚。兄弟二人三番兩次的商議，都無法妥協！最後義政約定，倘若眞的富子生了男孩，就讓這男孩去當和尚，家督的地位不變更，由義視擔任。

義視得到了乃兄的保證，才開始蓄髮還俗，而就在這時富子懷孕了，鬼神眞會捉弄人，十月懷胎，說是不會生男嗣，已經三十四歲的富子，居然生下一個白白胖胖的小子來了。

眼巴巴地期待了將近二十年，又被人詛咒過說不會生兒子的富子，居然一索得男，怎能不喜出望外！但是自己的丈夫卻將「家督」讓給了小叔子，斷送了寧馨兒的前程，要他去當和尚！她恨極氣極，於是本來卿卿我我的恩愛夫妻，變成終日勃谿的寃家了。

大錯已成，無可反悔，但是在義政心中何嘗不恨自己魯莽，誤信今參局眞的會法術，爲了祖宗後代做出了不可饒恕的決定，他衹有自暴自棄，本來懶散的他從此更懶散，覺得對不起富子，躲著她避著她，每天以酒澆愁，外事一概不管了。

富子呢，卻和她丈夫不同。她積極想挽回義政所鑄成的大錯。幕府裡最有力量的權臣，是細川勝元，位爲「管領」，等於宰相。在義政決定把家督之位讓給義視時，就同時任命勝元爲義視的「執事」，輔佐一切。因此義視有一位強有力的支柱。富子爲了要除義視，就先得找到一位能夠對付勝元的人，居然被她找到了。

山名持豐在幕府裡的職位是「侍所別當」，「侍所」是管理武士的總機構，而「別當」是首長，因此所有武士都由他指揮，等於元帥。他自從滅了弒君的赤松滿祐一家之後，將赤松的領地呑併，恢復了他祖業舊觀，實際上他的實權已經不亞於將軍。並且他還是細川勝元的岳丈，他目空一切，十分跋扈。某次爲了干涉別人的家務，燒了人家的房屋，被幕府判罪處罰，由於勝元的斡旋，衹免了他別當的職位，讓他回到自己的領地裡去，就在這時，他們翁婿之間發生了誤會。是勝元的族人細川成之多管閒事，認爲赤松這一族，祖上數有功於幕府，如今落得家破人亡，十分可憫，建議幕府當局，是否可以本著興亡繼絕的原則，讓赤松的後裔獲得一席地，容他能自治。糊塗的義政准了所請，沒有徵得山名持豐的同意，把他占有赤松家舊領「播磨」郡，還給了這位赤松後裔，山名持豐大怒，等赤松來時，就在半途中把他殺了，這還不能平他的氣。他祇覺得細川成之是勝元的族人，勝元何以不在將軍發布命令以前加以阻止，勝元應該知道赤松是我仇家，播磨是我領屬。因此他對勝元有了很深的誤會。

其次是勝元婚後，久久沒有生育，於是就由岳家領了一個孩子爲嗣，不料領過來之後，接二連三地生了幾個男嗣，既然是至親，就把領來的孩子退了回去，這也使得老岳丈不大高興。

富子偵知他們翁婿不和，於是在極秘密裡，寫了封信給山名持豐：「吾欲立孺子，而義視業已爲嗣，勝元輔之，不可撼也，願公爲吾圖之。」她開門見山地請求持豐幫忙她立「孺子」。

恰巧這時有好幾家大家族，也發生了和將軍家同樣的情形，他們都要求持豐或勝元主持公道。因此持豐接到富子的密函後，便決意幫助富子去輔佐她的兒子義尙去對抗勝元、義視。

應仁元年的正月，先是畠山家出了事，過繼來的兒子和後來的孩子爭產業，發生了大規模的械鬥，雖然幕府下令不許其他各族介入，但是沒有用。首先出兵幫助那後出生的，是山名持豐，立刻細川勝元也出兵幫助那過繼來的兒子，於是大戰開始。

細川勝元首先把天皇和將軍一家都安置在他的管轄區之內，等於軟禁，占據了幕府以東的各地區，號稱東軍，而山名持豐則在幕府的西方，稱爲西軍，京都化爲戰場了。這是西曆的一四六七年。

這是一場慘烈而極長的戰爭，京都的市民遭受無情的搶劫殺戮。市容、廟宇、寶刹蒙受了破壞焚毀，一個美麗繁華的首善之區，變成遍地血腥的瓦礫場。

根據《太平記》的記載，東軍人數是十六萬，西軍是十一萬，雙方合起來至少有二十餘萬人擠在京都的街衢中巷戰，混亂的情形實在難以想像，而這樣的戰爭居然繼續了七年之久。

在這七年中，有了很多奇特的變化。

軟禁在東軍陣營裡的義政、富子夫婦以及他們的兒子之外，還有天皇一家，這時候花園天皇已經禪位給他二十三歲的兒子成仁親王，自己出了家爲法皇。皇室這時可憐得很了，一切都要仰仗幕府的鼻息。而幕府對這位窮親戚似的皇室，百般苛刻，使得例行的典禮都不能舉行，連朝儀也不能不廢止，偶爾非召集一次廟議不可時，公卿大臣窮得連服裝都穿不整齊不能出席。

被指定爲家督的義視，爲了避免捲入到政爭裡，他早就在這次大衝突以前，避到了伊勢，投奔到老友北畠教具的治下。但是開戰以後，細川勝元（他的支持者）以及長兄義政都邀他回京都，於是他又回到了是非之地來，回來之後眞是如跳進火坑裡一樣了。富子如何能放得過他，除了給他看極難忍受的白眼，給他聽極難忍受的揶揄，凡是婢僕捧來的食物飲料，他都不敢碰，其中可能有毒，無疑的富子是要他的命，終於義視受不了，偷偷逃出東營投到西軍去了。

義視到了西軍之後，西軍大喜，他們正是缺少這樣的一位貴人，立刻擁他爲統帥，儘管他還沒有當成將軍，但仍然稱他爲將軍，以號召全國的郡守。這時戰亂擴大遍於全日本。東西兩軍在京都有明確的界限，但在地方上由於雙方首領所有的領地，犬牙相錯，調兵遣將、運送糧草往往非經過敵區不可，誰也不肯讓對方順利通過，結果當然是混戰，一片乾淨土都沒有了。

細川勝元氣極了，義視等於背叛了他，但是高興的卻是富子。義視自毀前途，放棄了家督的地位，當將軍的資格，替義尙開闢了一條寬宏的大道，不需要去當和尙了。他轉眼已經八歲，就位爲家督，到了文明五年，西軍的山名持豐以七十歲的老齡逝世，又過了五十天，東軍的統帥細川勝元也死了。於是和平有望，富子愛子心切，希望他趕快大紅大紫起來，而另一面她那不成材、整天祇知享樂在醉鄉裡的丈夫，也樂得有人替他背包袱，他索性讓位了，小義尙就這樣接位足利系的第九任征夷大將軍。而這孩子確是聰明過人，有文釆，好武略，雖然不太健壯，但極有膽量，十五歲後他就正式管事，也能領軍作戰，不幸因病死於軍中。富子把她親姪女嫁了給他，可惜夫妻不和，也無所出，死時祇有二十五歲。

義政在政治上，確實不成材，但他在藝術方面不能不說他頗有成就，今天日本的茶道、花道、庭園的布置，都是由他創始。室町時代的東心文化是由他而產生。他不顧老百姓的死活，在大亂之後已經極爲窮困的時候，他仍然連發了十三次的所謂德政令，實際上是徵稅，來營建他預備去歸隱的豪華別墅銀閣，雖然暴戾之至，但建立了日本特有的藝術風格，風靡了今天的世界。

至於富子，她是一場大戰的罪魁，五十多歲時愛子義尚死、丈夫義政死，都是由她辦理後事，可以說老運相當悲慘。不過她的養子義澄在她晚年繼任了將軍，依然過了幾年好日子，死時五十七歲。

# 戰國的醞釀

自從武士階級興起以來，當權者爲了酬庸這批肯賣命的有功軍士，不能不用裂土封賞的方法去安頓他們。從此成爲制度，於是封建國家於焉形成，經過北條、足利幾代，割據的形勢益發不可收拾。到了足利義政任征夷大將軍時，他的家臣的實力，都比他本身要強得多。他屬下「侍所別當」，山名持豐由於世襲的關係，幾代以來都擁有很多郡國，最多的時候領有日本六分之一的土地。細川勝元是他的管領，在職位上是輔佐將軍的左右手，但他家領有的郡國，與山名家不相上下，勝元的兄弟叔姪合起來也有九國。因此由應仁元年（西曆一四六七年）的五月開始，山名與細川之間發生戰鬥，就殺得難分難解，一直混戰到了文明五年（西曆一四七三年），經過七個年頭，山名持豐以七十歲的高齡死了，五十天後，他的對頭細川勝元也一病而亡，兩軍主將去世，士馬也疲敝不堪，眞所謂的筋疲力盡，無法再打下去了，而經過七年巷戰的京都，毀得面目全非，豪華美麗的幕府，室町的「花之御所」，僅餘一堆斷垣殘瓦了。

大亂之後，在各地方上，不斷地還有零星戰鬥，京都附近總算恢復了太平。荒淫無度的將軍義政，獲得了優裕的生活之後，除了更荒淫之外，便去著手仿造他祖上的金閣的規模，去經營他那美輪美奐的銀閣，用純銀箔來糊牆壁了。

兒子義尙，這時是將軍了，有他自己的主張，沒有把老爹放在眼裡。他有母親的聰明能幹，卻也有父親對醇酒美色的癖好，他父子之間發生了極複雜的聚麀事件。義政寵愛的侍妾和義尙密通，而義尙的禁臠又與義政有不解緣。在醋海裡，險象環生，義尙甚至落了髮，想遁入空門，不過情絲畢竟難斷，皈依我佛，並不能消滅心魔，不久他又與酒色爲友了。除了酒色而外，小義尙對於權勢也深感興趣，他與他父親不同，他沒有忘記他是征夷大將軍。在應仁大亂之後，鄰接京都、原屬西軍麾下的「近江國守護」六角高賴，驕縱跋扈，不遵守停戰言和的約定，依然四出劫掠，開拓他的領域，幕府曾經下令討伐，但沒有認眞執行，經過十幾年的歲月，六角更加猖狂。這時義尙以爲以將軍之尊，祇須小試牛刀，便能將么魔小丑般的六角一舉撲滅，於是領兵圍剿。但他沒有料到，他的總管細川政元（細川勝元之子）不跟他合作。政元深怕這位頗有雄心的年輕將軍，一旦嘗到勝利的滋味之後，會繼續無窮地追求勝利，去翦除各地強豪，使得那已經失墜的足利天下中興起來，必然也不會容得下細川家。因此政元便故意剋扣輜重，延誤軍機，使得義尙連遭不利。好勝的義尙，哪裡禁得起窩囊氣，身體本來就脆弱的他，一病不起死於軍中，眞是出師未捷身先死，長使英雄淚滿襟了。

義尙死後無嗣，叔父義視聽到消息大喜，他的機會來了。富子本來是他的死對頭，但自從他自動讓出家督之後，投到西軍陣營裡，依靠山名持豐，一變成爲與富子同黨，富子也就不拿他當敵人，而況義視的太太，就是富子的同胞妹妹，感情一向很好，並且早就將他們所生男孩，認富子爲乾娘。這時義視帶同他的兒子到了京都。

義尙死了之後，富子在垂老之年不但逢喪明之痛，也深覺徬徨無依，丈夫早就另有所歡，結髮之情已經變爲切齒的仇人。恰好這時看到了比義尙小一歲的義材，兩人長相也十分相似，不由得興起了愛心，她決心扶植義材爲將軍。

不過義政並不同意她的主張，有心和她爲難，聽從了細川的意見，準備立他另外一個弟弟的次子，祇有十歲的「義澄」爲將軍。細川是有他的野心，十歲的孩子容易玩弄，而義政祇不過是意氣之爭，故意使他的髮妻難過，幸而他那酒色過度的身子，禁不起再耍意氣，不久就一命嗚呼。義視知道細川的厲害，於是轉向細川巴結，居然巴結成功，義政死後，由義材承襲爲第十任征夷大將軍了。這是延德二年（西曆一四九〇年）。

義材當了將軍，他的父親義視總算出了口氣。義視聽從長兄的苦勸，犧牲了聖界裡的前程，去當了幾天的家督，結果家督不能不辭退，將軍也沒有當成，東逃西躲地過了半生，這時總算扶植了兒子當上將軍。不過畢竟他的命苦，不到半年他便病逝，行年五十二歲，比他酒色之徒的胞兄，還少活了四年。

失怙之後的義材，不免感覺孤單，爲了立威起見，他效法義尙領兵也去討伐六角，六角卻十分乖巧，他不來迎戰，率眾躲進山區之內。義材不得已祇好班師還朝，行至中途，遇到畠山兄弟還在戰鬥。畠山兄弟的內訌也是應仁大戰起因之一，經過十幾年的抗爭依然未決，身爲將軍的義材不能不管，而尤其兩造之中的一造——畠山政長，一度曾任幕府的管領，現在需要幫助，焉能袖手旁觀。義材於是揮軍加入戰團，原以爲不費吹灰之力，就能成功，卻萬萬沒有料到起了突變。

留守京都的細川，乘將軍義材出征在外，實行起政變來。原先和義政計議好了的，擁十歲大的義澄爲將軍，沒有能實現，一直留在京都沒有送回到鎌倉，這時又扶了出來，登上將軍的寶座。另外又派了四萬精兵，衝入義材和畠山政長的陣營裡，出其不意把政長殺死，擄了義材，把他押送到京都，逼他將足利家家傳的寶刀、鎧甲交了出來，然後把他幽囚到山城的龍安寺裡去。這是明應二年的閏四月（西曆一四九三年）。

細川是有名的望族。足利氏方興的時候，細川就輔佐足利打天下。最有名的細川賴之，是足利義滿師友之間的老臣，一生忠心耿耿，不計勞瘁，替義滿平定群雄，厥功甚偉。他的子孫，世世代代都是足利將軍麾下的重臣。到了細川勝元，幾次轉任幕府裡的最高職位「管領」，聲勢凌駕在將軍之上，應仁之亂，是他將天皇以及將軍一家軟禁了七年，以免被敵方擄去利用。天皇和將軍一家到他死後才重獲自由，但是懾於他家的氣焰，不敢稍吐怨言。

細川政元是勝元之子，勝元逝世時政元還小，管領之職由畠山政長繼任。在義尙當將軍時，才改任政元爲管領，不過前後任之間，不免總有些不愉快。義材繼義尙之後，雖然仍請政元爲管領，但他千不該萬不該去管閒事，幫畠山政長去打仗，使得政元疑心義材會再起用畠山爲管領。這就是他實行政變的原因。

政元本不是個正常人，他迷信鬼神，修妖術，不近女色，所以他沒有子女。他由「九條政基」家領養一個義子取名澄之，不久又在他同族兄弟裡領了一子取名澄元，而他對澄元有了偏愛，特地囑咐他的家臣「三好」加意維護他。自古偏愛都不會有好結果，但是政元在順境之後，眞是無往不利，更增強他的自信，有什麼値得顧忌的！他已經是全國的主宰，天皇、將軍都不在他眼裡了。

義材被囚，但終於被他逃脫，躲到越中，經過六年不斷的規畫籌備，居然也糾合了相當的軍勢，並且聯合了畠山政長的後人舊部，分好幾路進迫京都。但是政元的大軍畢竟厲害，義材所率領的烏合之眾不堪一擊，被打得七零八落，義材落荒而走逃得性命，畠山一家也祇好鎩羽而歸。

又過了一年，義材流落到了山口。山口、周防一帶的守護——大內義興年輕有爲，對於這位落難的將軍深感不平，也十分同情。「大內」出自百濟的王室琳賢太子，是在六世紀推古天皇時，渡海來到日本，落籍在周防的大內縣，因以爲姓。義興的高祖義弘，是將軍足利義滿最得力的武將，斡旋南北朝合一的功臣，深受倚重，封賞甲於群倫。但是由於不肯阿附義滿的大興土木，動員兵丁去營造北山的宮室，言語間得罪了義滿，從此疑忌日深，終於雙方兵戎相見，大內戰敗自裁，他的領地被奪去大半。經過幾代以後，小心經營，到了義興才逐漸將祖業恢復過來，成爲北九州的一霸。由於地理環境的便利，和明朝的貿易通商十分旺盛，因而在財政上相當充裕，可以說在那時是唯一能與細川家匹敵的人。細川家是和「堺」市的商賈串通經營買賣，同樣的，大內家則是和「博多」市的商賈結合，都在爭取和對岸的中國大陸的通商貿易特權，雙方已經形成了虎視眈眈、誓不兩立的態勢了。義材敢於來投靠大內，是看準了兩者之間有矛盾。

細川政元一手培植爲將軍的義澄，受不了政元的氣焰和擺弄，偷偷到「等持院」，去參拜足利尊氏的木雕像，獻上了一通祝禱文，懇求祖先降靈，恢復當年當將軍的權威。不料他這舉動竟然被政元察覺，政元賭起氣來，跑到了「丹波」。義澄驚慌萬狀，趕去求情，恭恭敬敬地自陳荒謬，然後迎接政元歸京。從此義澄再也不敢起妄念，生異心。政元似乎眞有法術，能窺人隱私。但是他自己家裡變生肘腋，他卻沒有能預知。失了寵的養子澄之，被政元疏遠了之後，內心不平，本來可以襲位，任家督，現在什麼也撈不著了，而他的左右，可以攀龍附鳳的，也都落了空。這一群人越想越不甘心，於是起了殺意，永正四年六月，以重賄買通了政元的貼身衛士，乘政元齋戒沐浴之夜，正要走向浴室時，拔出利刃將政元刺死，自以爲能驅使鬼神的政元，永遠爲鬼神所驅使了。

背主求榮的叛徒們得手之後，便去殺澄元和三好，不料他們遲了一步，三好已經帶領澄元逃到了近江。三好的行動敏捷，他乘叛徒們去「丹波」迎接新主子澄之的當口，發兵討賊，同時擁了澄元晉謁將軍義澄，請求任命澄元爲管領，以代替被刺死的政元。

遲了一步的叛徒，步步遲，蒙了叛徒的惡名，被三好圍剿，一個個都被梟了首，貪圖祿位謀害義父的逆子澄之也以身殉了。

細川家的突變，傳到了邊遠的山口時，義材欣喜莫名，這是天助，他有復職的希望。而他的居停大內義興更是興奮萬分，不但在政壇上，最大的勁敵已逝，並且在財經上，從此大陸貿易由他獨占，以往受的閒氣一掃而空，再痛快也沒有了。於是在永正五年的二月，大內義興奉了義材，率領大軍往京都進發，很快就到了「安藝」。這時京都人心惶惶，都在紛紛傳說義材要到。新接任爲管領的細川澄元，沒有作戰的經驗，將軍義澄更是膽小，大家逃命要緊，就這樣義材慢慢地一步一步進迫，經瀨戶內海，在堺港上陸，受到了畠山政長的遺子和細川高國等的歡迎，兵不血刃堂堂地回到了他睽違十四年的京都。這是永正五年的六月十八日。

七月初一義材恢復了征夷大將軍的職位，任命大內義興爲管領，兼任京都附近的「山城」守護。義材總算是酬庸了他的恩人。

義材復職，是奉了天皇的詔書，同時詔書裡也免了義澄的官爵。按理義澄已被廢爲庶人，應該沒有任何力量，但是他的舊部依然擁護他，因此遂保持著相當軍力。義材對於他這位堂房兄弟，確實沒奈何他。忽然永正六年的十月，一天夜裡，一群強盜闖進幕府行刺，義材奮勇格鬥，居然讓他手刃四人，其餘的逃走，他自己雖也受了九處創傷，幸而都非要害，他深信這又是天助。他料定是義澄指使，派人到近江搜索，都沒有發現義澄的行蹤，但是不到兩年，義澄忽然得病而亡了。這又是天助，義材充滿了自信。

義澄雖死，但是他的管領細川澄元仍然擁有重兵。他聯合了他的族弟發動了龐大的攻勢，進犯京都。義材用了大內義興以退爲進之計，退到丹波。澄元的大軍占領了街道縱橫的京都之後，無法集中無法互相呼應，士兵的情緒又鬆弛，這時義材突然以雷霆之勢，四面反擊，澄元措手不及，倉皇逃脫，他的族弟死於軍中。

這次大捷之後，義材意氣飛揚，眞的自以爲是有天助，對於他兩位得力助手：大內義興和細川高國，嫌他們不夠恭順，事實上他們也沒有拿他當主子看待，就在自大狂和自卑感交雜的情緒中，義材終日如坐針氈，終於有一天爲了一件對他不夠禮貌的小事，他大發火，賭氣不幹了，離開京都，走到近江一個小鎭市裡躲起來。大內義興、細川高國儘管沒有重視他，但究竟他是欽命的將軍，於是好說歹說又把他請了回來。他這以退爲進的策略，又奏了功。

總算過了幾年安靜日子，到了永正十五年，大內義興不能不回去了。他由山口周防領軍出來時，隨從人員眾多，安居在京都耗費太大，同時，他的鄰國「石見」，覬他久留京中，無暇兼顧，頗有蠢蠢欲動、覬覦他老巢的跡象。他衹好辭了管領的高位，率眾回山口了。

他走了之後，京都防務薄弱，消息靈通的細川澄元見有機可乘，立刻動員，進犯京畿，高國去迎戰，殺得大敗而歸。高國於是建議仿效前次方法，放棄京都，誘敵深入。但是義材不肯依他。義材對於高國已經十分厭惡，他想澄元若來，不會比高國更壞，因此不願再逃。

高國碰了釘子之後，祇好獨自退往近江。澄元卻不魯莽，他祇派了手下部將進入京都，自己則在「攝津」守候。京都果然是陷阱，高國回師包圍，殺了澄元所派的大將。澄元雖然沒有中計，但正在病中，聞訊病情加重，不久病死。

高國得勝還朝，氣焰更盛，對於義材不合作的態度，百般嘲謔，義材忍受不了，這次他眞的出走了，投到了他舊部畠山尙順旗下，領兵來討伐高國，被高國迎頭痛擊，逃到「阿波」。沒有了將軍的高國，缺少了號召的力量，正徬徨不知所措的時候，赤松義村擁了足利義澄的遺子——十歲的義晴來挑戰，高國大喜，他趕走了赤松，把十歲的孩子迎了過來，奏請天皇，任命這孩子爲征夷大將軍。

義材聽到高國另立了一位將軍，又發動了一次反攻，仍然潰敗！到了大永元年三月他逃到了「淡路」，不久奉詔再度被免了征夷大將軍的職位，兩年後冷冷清清地死了。得年五十八歲。他一生流浪，幾次改名，初稱義材，改爲義尹，最後又改爲義植，名雖改，但命運似乎並未轉好。

義材歿後，將軍更不値錢了！

# 戰國群雄

征夷大將軍，被手下僚屬任意的任免，已經毫無尊嚴可言，但比大將軍更不如的則是天皇。後花園天皇於即位時，正當足利氏全盛期間，他眼看將軍被臣下所弒，又眼看漫天戰火，老百姓流離失所，又眼看當時的將軍驕奢淫逸，雖然在烽火彌天餓莩遍野之中，仍然一味地擺場面，營宮室，耽酒色，不顧民間死活，有說不出的痛苦；因此他以不惑之年便出了家，禪位給他的長子後土御門。後土御門天皇的日子更難混了，不但窮，並且受幕府方面的閒氣。大將軍的夫人日野富子看他不順眼，有意要廢立。朝臣裡居然也有附和富子的，使得這位年輕的天皇想來想去，索性「天皇」不幹了，讓位給將軍算了。但是大臣們不肯，讓位讓國沒有前例，而且府庫裡也沒有餘錢，另起宮室來安頓一位退位的天皇，後土御門天皇讓國的妙想，算是擱置了。他逝世時，窮得連喪葬費都籌不出，靈櫬停放了四十九天，才草草落葬。

他的兒子後柏原天皇是位詩人，雖然入繼大統，但是沒有能舉行即位大典，因爲籌不出錢。每年向幕府催促撥發，幕府都置之不理，一直催了二十二年，才由前任內大臣三條西實隆的斡旋，由本願寺的和尚提供了一萬匹，勉強得在永正十八年三月二十二日行了儀式。這一萬匹是布匹還是銀錢，已無從考證了。

足利義植兩度爲將軍，雖然都是奉了欽命，前一次是由後土御門，後一次是由後柏原，兩次的被廢也都是由後柏原天皇宣下的詔書而去職。天皇的作用僅限於此了。名義上好像天皇仍有任免大權，實際上他僅是受制於陪臣之臣的可憐傀儡，順從他們的喜怒行事而已。

第十一代將軍義植被迫出走之後，雖然一度還企圖重振聲威，但爲悍將細川高國所敗。高國擁立了他堂房姪兒，年才十歲的義晴爲將軍，從此每下愈況，將軍的名位，連利用的價值都沒有了。

於是這變成任何管束都沒有的時代。在群龍無首的狀況下，以往的官職名位都不算數。道德、規章都沒有任何的約束力量。誰狠，誰就是主，這便是日本在十五世紀的後半期以迄十六世紀的前半期，將近一百年間的情形。

日本全國共分爲六十八州（日本稱之爲國），其中五十三州，由一百四十二氏爭奪占據，其間幾位重要的人物不能不述。總之日本被割裂成爲幾個單位，而每個單位之間又自相殘殺爭奪，在國內人人逞凶，在國外也橫衝直撞，倭寇在這時期騷擾的範圍越來越廣了。

足利義滿之後，幕府的權勢日漸式微，日本和明朝之間的貿易，落到了細川和大內兩家之手，由他們壟斷了。而利之所在，不停地興起了糾紛。明武宗即位後，日本就有貢船到來。他們所派來的使者往往粗暴不懂禮儀。到了正德五年，一名貢使由日本王義澄的名義派了來，是個中國人，姓宋名縞字素卿。他原是鄞州人，從小被他叔父為了還債，賣給了日本商人。他面貌姣好，一副甜甜的歌喉，會唱。到了日本之後，由於他機警靈巧，贏得了細川的青眼。細川擁立了義澄為征夷大將軍後，就僭用了日本王的稱號，授給了宋素卿通商的重任，派遣回明，宋素卿就以進貢特使的身分衣錦還鄉了。

他生性乖巧，又恰逢明廷由太監劉瑾弄權，武宗又特別信任劉瑾，任他胡為。宋素卿偵知劉瑾貪婪好貨，於是獻上了黃金千兩。劉瑾大喜，接納了厚禮之後，除了破格以當時最高的勳賞「飛魚服」，以皇帝之名賜頒了給素卿之外，凡是素卿所提出來的要求，無一不准。素卿的殊遇是空前未有的。幾年以後跋扈奸狠的太監伏了法。不過劉瑾雖死，劉瑾的後任對於素卿，依然留有很好的印象。嘉靖二年素卿又來了。他還是利用老辦法，以重金賄賂了市舶太監賴恩。賴恩得到了金銀，哪有不眉開眼笑地對待素卿，一切驗貨、檢查、通關等手續無不通融。恰好這時比素卿早到了幾天的有大內義興派來的使者。大內義興發覺明廷對於貿易船隻限制很嚴，執有「信符勘合」的人，才算正式的貢船，才有資格與權利互市。當時細川家幾代都任幕府的管領，由幕府請求明廷發給信符勘合極為該當。於是所有的「信符勘合」都落在細川家手中，細川家便獨占了和大陸的貿易。不過自從大內義興參與到幕府的內部組織之後，發現了「勘合」的重要性，便也要求幕府將由明廷取得的「勘合」，讓一部分給他，從此細川家便無從專有和明廷之間的商務關係。

大內的使者宗設拿到勘合載了一船貨物來到了寧波，合對了之後，被認定是貢船。但幾天之後素卿來了，也攜有勘合。明廷的官員發現素卿所提供出來的勘合形式已舊，不符規定，不過素卿手段高強，言語又通，尤其利用黃白物爲媒介，反而占了上風，硬說宗設所持有的勘合是假的。「勘合」原是仿效古時的「符節」，以金屬製成的信物，刻有字，有號數，不易假造，顯然的素卿指爲贋物是過甚其辭。宗設大怒，好說歹說之後，市舶太監總算全都承認是眞的。按往例外夷的貢船到埠之後，都由市舶太監設宴款待，宗設雖然先到，座席卻在素卿之下，宗設連連受氣，這時按捺不住，拔出刀來行凶，要殺素卿，被素卿逃脫，殺了素卿的副使瑞佐。他一不作二不休，索性燒了素卿的船，搜索素卿不見，一直追趕到紹興，還是不見，又折回到寧波，一路燒殺，並且擄了來彈壓的指揮袁璡，奪了條船出海逃走。都指揮劉錦追到海上，不但沒有能將袁璡救回，反而被宗設殺了。

素卿雖然免於做了宗設的刀下之鬼，但是明廷不能不審訊出事的原由，據素卿供稱：

> 大內義興屬日本統轄，無入貢資格，惟其領域有地利之便，凡貢船必經其海，正德朝所頒之勘合，皆爲其奪去，以故不得已用弘治朝舊物入貢……

明廷的大臣對素卿的供詞不肯輕信，認爲釁由他起，不能脫罪，於是下獄，結果瘐死獄中。

明廷乘琉球使臣歸國之便，囑他傳語日本：

必須擒獻宗設，放還袁璡及海濱被掠之人，否則閉關絕貢。

但是日本這時已無人做主，明廷於是實行了「閉關絕貢」，貿易之途從此斷絕，換來的是大倭寇之亂，越來越不可收拾了。

由明世宗嘉靖二年實行了閉關絕貢後，以為這樣可以使得日本屈服，不料日本這時已經成為野獸世界，誰有刀槍在手，便是誰有理。而明廷這時已是一個極有秩序規章、修文偃武將近二百年的有組織的高度文化國家。老百姓一個個安分守己，從事他們的行業，忽然間來了一批異類，身懷利器，到處燒殺劫掠，哪能不驚慌逃竄，誰還能抵禦他們。至於官吏，也因為承平日久，「船敝伍虛」，看見寇船「連艦數百蔽海而來」，先就膽寒，望風逃匿了。最可恨的是有一班漢奸為虎作倀，做他們的嚮導，於是江南一帶以及沿海城市無一倖免，都被倭寇蹂躪得慘透。整整四十年黑暗恐怖的地獄日子，好不容易才由戚繼光、俞大猷的戚家軍慢慢撥見天日。

日本國內也一樣糟，由於連年戰爭，沒有人能安心下田耕種。當然荒歉、饑饉接踵而至。老百姓走投無路，祇好鋌而行險。何況拿起刀劍的人反而有活路，就這樣農民紛紛奮起，反抗地主、反抗官府，所謂的「一揆」到處蜂起，加上僧侶的說教，不反抗也是餓死，反抗了被殺，還能升天成佛，因此更不怕死。整個社會如天翻地覆，在這大混亂之中，舊秩序逐漸瓦解，新強豪領袖陸續產生。他們憑著才智手腕，殺出天下。為了達成目的，奸、詐、凶、狠，無一不用，像五毒一樣，互相吞噬，最厲害的便稱霸，這就是日本的戰國時代。

在群豪之中，北條早雲最為突出。他原名長氏，身世不明，今天的史家還在聚訟之中。幼年，由於長姊是駿河「守護」今川義忠的侍妾，因此寄食在今川門下。今川義忠在文明八年（西曆一四七六年）因境內發生叛變，領軍出征，凱旋歸來時，半途遭遇到農民「一揆」，被害，全境於是大亂。早雲挺身而出，輔佐了義忠的兒子氏親，平了叛黨，以功得到了一個小城「興國寺」，他就以此為基地。

關東八州的形勢，自從足利持氏由於驕縱狂妄被將軍義教誅滅，經過十餘年，事過境遷，往日的怨毒已漸淡忘。持氏的舊部懷念故主，發現持氏最小的遺孤成氏隱匿在鄉間，於是迎了出來，請求幕府立他為關東「公方」（將軍的代表）。但這位年輕人心浮氣躁，一旦有權有勢，便急於報仇，他誤以為他亡父的宰臣「上杉」出賣了他父親，因而賈禍，他便不分青紅皂白領兵去攻「上杉」，不料反被上杉殺得大敗，祇好逃到「古河」。上杉並沒有再去為難他，不過請求幕府另外派遣公方。這時已是義政任征夷大將軍，他便命他弟弟政知去關東，安置在上杉管轄區內的「伊豆」，名義上是統領關東八州，而實際上除了「伊豆」境內的堀越鎮上的財源由他收領而外，什麼事都管不了。但是早雲在表面上卻對他十分恭順。

早雲在小小的興國寺，卻很有作爲。他「修政令，輕賦稅」，又將他歷年來的積蓄借貸給遠近的老百姓，取息很低。這還不算，凡是遇到了十分窮困的人，甚至免了他的債。因此各地的人紛紛聚到興國寺來，儼然成爲一個人口密集的小都市。他於是將各戶的壯丁召集起來，命令隨他來的武士操練他們，成爲七支能作戰的隊伍，他從容觀望，俟機而動。

機會果然來了！在伊豆的「公方」足利政知有兩子，長子茶茶丸是前妻所出，被繼母所讒，關了他好幾年。茶茶丸怨恨之極，居然有一天，乘監守者不備，被他逃出，於是他大發瘋狂，殺了他父親、繼母、弟弟，以及兩位老臣。

消息傳出，關東地區震撼，也不知所措。唯獨早雲以迅雷不及掩耳的手段，襲擊了茶茶丸，逼他自裁。「叛臣、逆子，人人得而誅之。」他師出堂皇，行動敏捷，占據了整個伊豆。伊豆的人民看見異鄉兵丁來侵，嚇得四散奔竄，但他號令嚴明，秋毫無犯，出了告示：

> 吾所以來者，誅賊子而已。非有所暴掠，其各安乃堵！

他眞能做到恩威並施，本來是上杉家的舊屬，都服了他，除了他召集地方父老豪傑，曉諭他們之外，並且即刻減租稅五分之一，除諸雜課。將吏之中有虐待老百姓的，可以來訴。

簡單的幾項措施，贏得了全境人民的歡呼。

早雲的母親是橫井家的女兒，橫井與北條是遠親。早雲到了伊豆之後，住到韮山城。非山有一戶人家姓北條，沒有男嗣，就把早雲招贅過來，從此早雲便冠北條爲姓。北條與「平」家是同源，是皇族的後裔，一個無名小卒的早雲驟然成爲響叮噹的人物，尤其「北條」氏是由伊豆發跡，主宰了日本一百四十年，現在他又到了伊豆，是恢復北條舊業的好兆頭，他到三島神祠祈禱了一番之後，晚上忽得一夢，夢見兩棵大杉樹之下有一隻老鼠，不斷地咬杉木的根，杉木轟隆一聲倒了，再看那老鼠時，已經變成一隻大老虎了！第二天他請圓夢的人來，告訴他夢中所見，問他究竟是凶是吉。卜人說：「公生歲次子，子爲鼠神，是公剋兩上杉之兆也。」他的生歲確是壬「子」年。

上杉氏果然分爲兩支，叔姪二人互相爭鬥不已，他於是利用他們互相之間的矛盾，像老鼠一樣慢慢蠶食他們的領域，最後迫近到鎌倉，又將守鎌倉的上杉義同擊潰，進入到嚮往已久的名城，他高興極了，口占一詩：

枯樹新植又開花，往日名都信不差；我來起死還回春，留與後人共徘徊。

由此可見他的志趣，整個「相模州」也在他手中了。他在關東的勢力已經牢不可拔，但他並不汲汲想控制全局，他的兒子氏綱很能繼承他的事業。他以八十八歲的高齡去世，臨終前一直神智不衰，自奉甚薄而厚待部屬，一生沒有人背叛他。

早雲的兒子氏綱，史稱他「容貌岸偉，善用兵」。毫無疑問，是位傑出英才。早雲臨終的時候囑咐氏綱說：「吾欲滅上杉，併關東八州而未成，子孫繼任其事，毋敢或懈，吾視上杉氏，其家法日衰，亡滅非遠，雖然，彼大族也，不可輒取，曠日彌久，以俟其弊。」

這就是他的策略。氏綱遵照老父遺訓對上杉進行蠶食，他又運用宣傳攻勢，醜化上杉氏的上代，暴露上杉氏種種「不臣」的行爲，關東一帶豪俊受了影響，不免對上杉離心離德，氏綱於是乘機進攻「河越」——上杉氏在「武藏」的據點。《日本外史》寫道：

時七月十五夕，月光滿野，兩軍交縱，氏綱終大破「朝定」，取「河越」。

朝定是上杉家在關東的強人，逃到了松山。時爲天文六年（西曆一五三七年）。

三年後氏綱病卒，年五十五。子氏康立，才得十六歲，雖然是個孩子，但卓然有父風，這時上杉家的另一系，上杉憲政，依然雄據東北十分強盛，周圍的鄰國，「駿河」的今川義元和「甲斐」的武田信虎，都和他往來修好。憲政是個大少爺，他喜歡遊宴、好女色，蓄舞妓數十人，雖然有老臣勸他注意那不斷發展的北條氏，憲政不聽，他說：「他們能幹什麼，他們是沒有出息的小家子！」實際上，這「小家子」的氏康，不但足智多謀，並且勇不可當，他善用間諜和情報，上杉家的一舉一動都瞭如指掌。

到了天文十三年，「河越」之役的七年以後，上杉氏的兩系終於聯合了起來，他們受不了北條方面的封鎖和壓迫，動員了八萬大軍來攻打氏康，在出兵之前，他們還遣了說客去遊說關東「公方」足利晴氏，請他協助。足利雖然沒有多大實力，但究竟他是將軍的代表，在軍心上有精神支柱的作用。到了第二年，他們浩浩蕩蕩地先將河越團團圍住，以為一鼓可下。氏康卻早有準備，他派在河越的守將是北條綱成，綱成本姓福島，父親也是武將，被武田氏所殺，那時綱成還小，逃到相模，投到氏康父親氏綱的帳下為將，氏綱愛他的勇猛，賜姓北條，又把自己的「綱」字賜予他，取名綱成。作戰時往往命他為先鋒。氏康對於父親的愛將也十分器重，認為衹有他能沉得住氣，不懼不餒。果然上杉氏雖然用盡全力攻打河越，河越卻屹然不動。氏康為了扼守境內的其他咽喉要地，兵力分散，能夠抵禦上杉大軍的，衹有八千人。他於是數度佯敗，以誘驕上杉，上杉一向以為氏康不過是個頑童，經過這樣的幾次接戰之後，更不在意了。

連退了幾天之後，氏康於是選了一個月色半明之夜，勒兵親誓：「以寡克眾的前例多得很，衹要看士氣如何，我一定以一當百！」他命令自己的士卒頭上裹起白布，凡是沒有白布的就殺。夜半，他領兵直衝上杉軍，《日本外史》寫道：

> 軍大驚擾亂……殺傷兩萬餘人，虜（上杉）朝定，走晴氏、憲政。八州豪傑，即夜降氏康者九十餘姓，時十五年四月二十日也。

憲政吃了敗仗之後，不知悔改，嬉戲如故，將士離心。又過了五年，氏康率領了八州兵進攻憲政唯一的據點平井城，拔之，憲政奔越後依長尾謙信，他知道在這群雄爭霸的大勢之中，祇有讓賢。於是他將職位以及家譜重寶全部讓給了謙信，從此上杉氏由長尾頂替了。

# 逐鹿的群雄

窮途末路的上杉憲政，被北條氏康攻陷了他最後的居城「平井」之後，不得不逃到「越後」，依附他的部屬長尾謙信。憲政自揣在這樣一個凶狠權力鬥爭的世界裡，自己的才具不足與人爭衡，他衹有請別人去替他報仇，那時他雖然衹屆不惑之年，但心灰意懶，將他的職位、印信、家寶、譜系，一切都交給了長尾，自己情願到春日山去修行，但望能安安靜靜度他的餘生。他選中了長尾謙信當他的後繼人，是因爲這年輕人勇敢善戰，深通謀略，力敵在關東的北條氏康，和在信濃的武田信玄。

謙信的父親長尾爲景，是位身經波瀾洶湧的狠人，雖然世代在上杉家爲臣，但是長尾家的聲勢幾乎凌駕在上杉家之上，而在這爭權奪利的時代中，凡是權利之所在，長尾絕無謙讓之理，於是尾大不掉的結果，演出了弑主的悲劇，長尾爲景殺了他長官越後守護上杉房能。

不過爲景顧忌上杉家裡的人會來報復，因此請出一位傀儡，房能庶出的叔叔定實，來替房能任越後守護，以爲這樣可以安撫上杉家，不料上杉家仍不肯罷休，房能的胞兄顯定，關東管領，聞訊大怒，興兵越過高山峻嶺的三國崖，侵入到越後，數度小勝之後，被爲景猛撲，反而戰死原野了。

因此長尾爲景，雖然地位不過祇是陪臣，而在實力上儼然與當時的所謂「大名」無異了。天文十一年，爲景去征討一向一揆，佛教信徒的匪黨，中了奸計，被害而亡。

他有四子，長子晴景體弱多病不能任事。而爲景所培植的傀儡定實受了老臣們的離間，早就對爲景不滿，此時擺脫了他的羈絆，如願以償，眞的登上了守護的寶座。

爲景的小兒子景虎，庚寅年生，小名虎千代，和他長兄晴景，不論在氣質上、體格上都大不相同，確像是隻雄赳赳的小老虎。喪父之年才有七歲。追隨母親回到橡尾鄉下。

晴景羸弱無能，懷有異心的權臣當政，想將晴景孤立起來，於是將晴景的幾個弟弟一個個處死，祇有景虎遠在橡尾，未及於難。那時他父親的老臣宇佐美看他英明豪邁，決心輔他，就在橡尾不聲不響地築起城池，召起兵馬，形成了中越的咽喉地帶。到景虎十五歲時，殺死他兩位哥哥的權臣來攻，反被他一一斬殺，從此他的勇名四播了。

族人看他有出息，想擁他出來代替他長兄晴景，晴景聽到風聲，同時又受到了挑撥，於是會合了姊夫政景率領了千餘人來圍橡尾，景虎的部將正要開城門迎戰時，景虎連忙制止，他說：「敵人遠道來犯，輜重又不多，不能久戰，等他們退走時我們再去追殺。」果然不出景虎所料，晴景退走收兵時被景虎掩襲，殺得大敗。幾年以後，由守護定實的斡旋，兩弟兄言歸於好，晴景認了弟弟景虎做義子，並且傳了家寶給他。

天文十九年守護上杉定實死，無嗣。越後守護之職落到了景虎頭上，但是他謙辭避嫌，怕人說他篡奪，任他的部屬另選賢能。他幼時在春日山的林泉寺，曾經拜過高僧「天室光育」爲師，學佛很有心得，這時，他落了髮決心做和尚，號不識庵「謙信」。從此謙信之名，不脛而走了。

他的部屬哪裡肯容他高蹈，「將士連署，請其止治國」。可能謙信是利用這次機會，來整肅他的文武幹部。據《日本外史》寫道：

謙信曰：置君，將用其令也，不用令，無君可也。自今吾所令，莫敢或違，則吾肯止耳。

所有的獨裁者，要求於部屬的，都是一樣，就是絕對服從。這時他祇有二十歲。

謙信雖然年甫弱冠，但是他的勇名已經是遐邇皆知。這時「甲斐」、「信濃」等地方崛起了武田信玄，欺凌他的四鄰。被壓迫的可憐蟲，在國破家亡之餘，祇好向謙信求援，希望他能主持公道來興亡繼絕。在關東一帶，也就是在同一時期，北條氏康近逼上杉憲政，連最後的小小據點都不容他占有。

謙信兩度派兵救他，結果憲政仍然是個扶不起的阿斗，索性什麼都讓給了謙信，讓他任關東管領。但是謙信不肯接受。

第二年關白藤原前久父子要回京都，需人護送，謙信率兵兩千陪同入洛，朝見了即位不久的「正親町」天皇，蒙天皇賜以天盃及御劍，又去拜謁了將軍義輝，義輝也命他接任關東的管領，他還是上表謙辭，文曰：「臣以尫弱之身，何堪當此重職！」「尫弱」是假，時機尚未成熟是眞。那時他羽翼未豐，驟然膺命，必然會引起各路英雄的猜妒圍攻，因此他寧可稍待。

兩年之後，他厲兵秣馬發動了十一萬五千大軍，包圍了北條氏康的都城小田原城替憲政報仇。氏康是聰明絕頂的人，知道不能力敵，堅壁清野不肯出戰，謙信圍困小田原三個月之久，無法攻入，祇好退走。雖然無功而還，但是總算爲上杉憲政出了口氣。於是像凱旋之將一樣，到了謙倉的鶴岡八幡宮，由憲政認謙信爲子，正正式式地將關東管領的印信交了給謙信，從此謙信改姓爲上杉，又由憲政的名字之中取了一個「政」字，加在自己的名字裡，景虎改爲政虎。日本向來講究門閥，上杉比起長尾來，要響亮得多。長尾景虎就這樣成爲上杉政虎。

謙信當了關東管領之後，所受到的榮光，是前所未有。在鎌倉八幡宮的就職典禮舉行時，盛況空前，遠道來賀者途爲之塞。那年夏天凱旋回到他的都城春日山，更是熱鬧非凡，久已停止排演的「能」，又恢復了歌舞。老百姓誤以爲從此太平，到處笙歌歡樂，謙信心裡卻十分明白，關東八州自從源賴朝開創幕府以來，保持著獨立自主的形態，有好幾百年。自從足利持氏被誅戮之後，關東爲群雄割據，已經不成爲整體，現在縱然恢復了關東管領的名位，但是如何來收拾這破碎山河，很費周章了。謙信是個重名器的漢子，這份重擔怎麼挑！

果然他的大軍一離開鎌倉，北條氏康的兵士就馬上湧進，而他一回師時，氏康又迅速退走。這樣一來一往像捉迷藏一樣，發生了多少次，單從永祿四年到十年之間，謙信每到正月必來鎌倉度歲，但是年一過回到春日山時，鎌倉又是氏康的領屬了。

使得謙信更煩惱的是他的左鄰「甲斐」，崛起了一位青年野心家武田信玄。武田是名門大族，源氏的後裔，由祖上就任「甲斐」的守護。他的父親信虎是個凶殘狠虐的暴君，部屬群臣見他無有不戰慄的，敵人兵將也畏之如虎，但他也有軟弱的一面，對於他所生的女兒，疼愛非常，喜歡親自爲她們擇婿，因此很多鄰國都是親家。他四十八歲，事業正在巔峰狀態，他想起嫁在駿河今川家的女兒，帶了一小隊隨從去探望她，突然這時，他國內起了變化，部下文武一致擁護了他的長子信玄爲主，而不准他再返回甲斐，從此信虎就衹好住在女兒家，不過信玄對信虎還留有幾分孝心，將他父親所喜愛的玩物珍寶以及侍妾丫頭都遣送了過去，雖然是驅逐出境，但究竟還有人情味，和掃地出門大不相同了。

信玄的英勇不亞於他父親，他承襲了父親的計畫，出兵攻占信濃，雖然打得十分辛苦，但是經過二十六年的長時間，百餘次的大小血戰，終於完成了他父親的志願。不過使得他父親難過的是滅「諏訪」之役。爲了占領信濃，不能不取諏訪，而諏訪的守將正是信玄的妹夫，老父的愛婿，妹夫擄了來之後逼令自裁，淒慘的是這時他妹妹剛剛生產，聽到噩耗一痛而絕。

信玄占據了信濃之後，繼續拓地，而他旌麾所指，望風披靡，被他擊破的敗將，紛紛逃到上杉謙信的治下，請求庇護，於是兩雄對立，興起了龍爭虎鬥的大戰。

天文二十二年（西曆一五五三年），兩軍在信濃境內的犀川遭遇，隔江而峙，從這一年開始，信玄和謙信之間，經過十五年，前後交戰了五次，沒有能分勝負。這五次戰爭都在犀川與蜿蜒的千曲川之間的平原裡鏖戰，動員了萬人以上的大軍，做「力」與「智」的決鬥，歷史上稱之爲川中島之戰。第二次交戰之後，雙方殺傷慘重，謙信回到春日山後，感觸萬端。一個皈依佛法、慈悲爲懷的人，怎麼能眼看著橫屍遍野的戰場而無動於衷呢！他寫了一封長信給「天室光育」禪師，表示懺悔與厭倦，並且要到高野山去退隱。是否出於眞心，雖不可知，但有此意向，在殺人如麻的當時世風裡，已經很難得。不過他依然不能如願，他所負的責任越來越重，敵人也越來越多、越凶猛。

在這五次接觸之中，謙信都是取攻勢，他年輕性急，勇敢有武藝，信玄比他大九歲，多病，體魄雖然不如謙信，但沉著有智謀。最膾炙人口、至今稱道的大戰，是天文二十三年八月的一仗，兩軍勝負未分時，信玄下令繞道抄襲謙信的後路，謙信軍果然驚潰，信玄於是乘勝追擊，不料刺斜裡忽然殺出一支軍馬，是宇佐美率領的精兵來助戰，將信玄軍將衝散，信玄與數十騎被擠到河邊，正想奪路而走時，忽然一將黃襖騮馬，頭上裹著白布，手提大刀喝道：「信玄哪裡走！」信玄慌忙躲避，已來不及，一刀砍下，信玄不及抽刀，忙舉起手中麾扇來擋，刀落在肩上，幸而甲厚未透，這時從將挺槍來救，刺來騎不中，倒轉槍桿打中了來騎馬頭，那馬長嘶一聲躍進水裡，信玄才得脫險，信玄的胞弟信繁趕來相救，不一回合便被來將一刀斫死馬下。

這一仗殺得天昏地暗，死傷枕藉，信玄受了重傷，弟弟戰死，勇猛的敵將是誰，由擄來的士兵口中才知道就是上杉謙信。

謙信和信玄除了拚殺之外，也不斷運用策略。謙信朝見了天皇及將軍之後，繼續和京都保持聯絡，表示他是朝廷命官，以增加聲望來威嚇信玄。而信玄則用聯姻的手段，孤立謙信。但是兩人都沒有成事。原因是同樣的缺乏恢宏氣度，同樣的剛愎自用忌才多疑。

謙信獨斷獨裁的性格，使他在事業越成功時，就越狂妄越孤僻，他圍困北條氏康於小田原時，頭紮白巾，騎白馬，手持天皇御賜的朱柄麾，在軍中奔馳指揮，有如天神。由各地集合而來的關東將士竊竊私議：「此公視吾曹如蟲蟻，寧可終戴乎！」關東將士認清了謙信目空一切的狂態，紛紛散去，使得圍困小田原計畫功虧一簣。

謙信疑他姊夫政景另有圖謀，密令老臣宇佐美去殺他。宇佐美深知政景冤枉，苦口勸阻。謙信不聽，宇佐美不得已約了政景一同去遊湖，在泛舟的時候故意翻覆，兩人同時溺死。七十六歲的宇佐美是軍師、是智囊，忠心耿耿地輔佐謙信成爲一方重鎮，知道謙信沒有從善的雅量，又不願重違主人的嚴命，祇有一死以殉。

信玄就更荒謬了。本來爲孤立謙信，而去聯合他的四鄰，把女兒嫁了給北條氏康的兒子，又替自己的嫡子義信娶了駿河大名今川義元的女兒。義信勇敢善戰，士卒歸心，在川中島諸役中，義信有一次率部襲擊了謙信，謙信居然吃了一次敗仗，謙信常引以爲恨。而做父親的信玄反而不高興，覺得被兒子搶了鏡頭，免不了生妒。更糟的是信玄庶出之子勝賴，爲了爭寵、奪權，不斷說哥哥的壞話，硬誣哥哥叛逆謀反，偏偏信玄有心病，他有將老父驅逐出境的前科，怕兒子也學他的榜樣，疑心生暗鬼，便不問青紅皀白將義信囚禁了起來，將義信結交的朋友和部屬統統殺光，最後還令親生子義信切腹自盡，以前替兒子迎娶過來的媳婦退還到娘家。從此兩親家成爲仇敵。

永祿八年（西曆一五六五年）發生了一件大事。徒擁虛名的征夷大將軍足利義輝，被權臣三好長慶再三欺凌撥弄，幾次逃出他的魔掌，又被接了回去，受了幾乎二十年的折磨。謙信第二次晉京的時候，已經深抱不平，尤其一天在路上遇到三好家裡的吏徒與他爭道，吏徒氣焰萬丈，不把謙信看在眼裡，謙信大怒把他殺了。謙信當時就密奏，自願領兵來爲將軍除奸，義輝遲疑不決，不敢立時同意。這時好不容易三好死了，誰知三好雖死，他的後繼者——三好的家臣松永久秀比他的主人還更凶辣。義輝實在無法忍受，遣人去暗通謙信，請他來踐前議，不料事洩，松永帶兵襲擊將軍的居處二條城，義輝自知不敵，便放起火來自焚而死。

謙信看到義輝請援的書函，爲時已晚，義輝已經自焚而亡了。義輝當了和尙的弟弟義昭逃出京都，還了俗，投奔到近江的各大名，但都不敢長期收留他，不得已祇好寫信給謙信，乞求他設法興復足利家。謙信心有餘，但是「越後」離京都有鞭長莫及之感。當時武將最大的願望是晉京，在大義名分下，擁護天皇，統一天下，謙信久有此志，尤其自從陛見了天皇，拜謁過將軍之後，蒙受恩賜及優渥獎勉，更是感激涕零，銘心鏤骨念念不忘。怎奈他偏處越後，雖非邊遠，但也非京畿腹地，並且被武田的領域橫梗在中途，若想率領大軍假道赴援，縱然不是絕不可能，但也不是可以立就的。因此他無從馬上行動。而在他躊躇不前、如何計議的期間。義昭已等不及，祇好去投靠一個還沒沒無聞二十一歲的小夥子——小國之主的織田信長。從此織田信長就不斷成長，日本成爲他的天下。

# 日本史話 中古篇

2005年12月二版　　定價：新臺幣250元


著　者　汪　公　紀
發行人　林　載　爵

叢書主編　張　素　華
校　對　呂　佳　真
封面設計　翁　國　鈞

出版者　聯經出版事業股份有限公司
台北市忠孝東路四段555號
台北發行所地址：台北縣汐止市大同路一段367號
電話：(02)26418661
台北忠孝門市地址：台北市忠孝東路四段561號1-2樓
電話：(02)27683708
台北新生門市地址：台北市新生南路三段94號
電話：(02)23620308
台中門市地址：台中市健行路321號
台中分公司電話：(04)22312023
高雄門市地址：高雄市成功一路363號
電話：(07)2412802
郵政劃撥帳戶第0100559-3號
郵撥電話：26418662
印刷者　世和印製企業有限公司

行政院新聞局出版事業登記證局版臺業字第0130號

本書如有缺頁，破損，倒裝請寄回發行所更換。
ISBN 957-08-2930-3（平裝）
聯經網址 http://www.linkingbooks.com.tw
信箱 e-mail:linking@udngroup.com

國家圖書館出版品預行編目資料

日本史話 中古篇 / 汪公紀著．
二版．臺北市：聯經，2005年（民94）
240面；14.8×21公分．

ISBN 957-08-2930-3(平裝)

1.日本-歷史-中古（公元645-1600）

731.21　　94020334